Waroquier Fraveine .

# LE TAROT DE MARSEILLE
## OU
## LES IMAGES DE VOTRE VIE

CP 3625, 1211 Genève 3 (Suisse)

Régine Saint-Arnauld

# LE TAROT DE MARSEILLE

## OU

## LES IMAGES DE VOTRE VIE

AMBRE
ÉDITIONS

# SOMMAIRE



## PREMIÈRE PARTIE : LE TAROT ET SA MÉTHODE



## DEUXIÈME PARTIE : LES CARTES

## TROISIÈME PARTIE : LA VOYANCE

# INTRODUCTION

« Ma mémoire bat les cartes
Les images pensent pour moi »
Paul Eluard, *Défense de savoir*

Parce qu'il existe un très grand nombre d'ouvrages sur le tarot de Marseille et parce que très peu d'entre eux donnent des exemples d'interprétation en images… parce qu'il a toujours été faussement annoncé qu'il est indispensable de connaître la signification des symboles pour donner un sens véridique au tirage, j'ai souhaité faire partager mon approche inédite, limpide et structurée, qui permet à tout individu d'interpréter son jeu comme s'il lisait une simple bande dessinée ; procédé d'ailleurs très intéressant puisque, employé couramment, il développe un mécanisme qui déclenche de très nombreux flashes.

Avec cette méthode, j'ai organisé des ateliers-tarots dans un pub sur les Champs-Elysées, où passants, curieux, simples consommateurs, amis, néophytes sympathisants et collègues professionnels se sont réunis pour des dimanches après-midi passionnants. Après avoir étudié une lame et l'avoir mise en situation, après avoir ouvert les débats sur l'interprétation de l'arcane, je passais parmi mon public pour recueillir leurs questions. Ils tiraient des cartes que j'affichais et nous nous amusions tous à fouiller l'avenir. Bien entendu, je finalisais avec mon ressenti et mon analyse et il n'est pas impossible que vous retrouviez certaines de ces voyances dans le chapitre des *exemples de tirage*.

Je dois ajouter que pendant ces réunions, nous avons connu d'agréables surprises. Comme celle du jour où nous étions en train d'étudier la carte du Mat et que nous avons vu pénétrer dans le pub, le portrait vivant et exact de ce « voyageur » à la barbichette pointue avec son chien. L'accroc au pantalon n'était pas si important, ses cheveux étaient hirsutes à l'image de la coiffe du Mat, il portait une saharienne ceinturée, n'avait pas de baluchon ni de bâton mais un parapluie-canne. Cet homme avait bien l'esprit de l'individu représenté sur l'arcane ; s'étant lui-même reconnu, il s'est amusé de la coïncidence et s'est prêté à mimer quelques situations représentées par les tirages des cartes. Il illustrait le parfait exemple de la synchronicité évoqué dans un prochain chapitre...

A cette occasion, je dois remercier Yves Vidal, passionné du tarot, qui m'a soutenu dans mes démonstrations. Il était intéressant qu'un autre voyant d'un autre sexe, avec une autre sensibilité, participe à cette expérience, d'autant que cet ami ne « fonctionnait » habituellement pas avec le tirage en ligne !

D'autres méthodes, comme celle des prénoms (tirer autant de cartes que de lettres composant votre prénom), celle du tirage en croix (quatre cartes pour une réponse immédiate qui déterminent le pour, le contre, le présent et l'avenir), celle de la pyramide, du tirage astrologique... offrent une palette intéressante de divination pour le tarologue mais, à mon avis, aucune n'a le pouvoir vibratoire du tirage en ligne.

Le tarologue qui adopte ma méthode doit se trouver comme un enfant face à un livre d'images. Il doit se laisser porter par ce que lui racontent ces tableaux placés à la suite les uns des autres. Voyez combien est considérable la richesse du discours d'un enfant lorsqu'il vous raconte une histoire à partir d'un livre d'images...

PREMIÈRE PARTIE

# LE TAROT ET SA MÉTHODE

# PETITE HISTOIRE DU TAROT

Personne ne connaît son origine. On lui attribue alors une provenance égyptienne, voire indienne, tandis que d'autres disent hébraïque, médiévale ou encore chinoise... Certes! Mais, chose sûre, le tarot a été colporté par les Tziganes et c'est seulement au milieu du XVII$^{e}$ qu'il apparaît comme procédé divinatoire grâce à ses dessins symboliques.

Le jeu de cartes en général a connu un parcours mouvementé. Il a été prohibé à certaines périodes des XIV$^{e}$ et XV$^{e}$ siècles puisqu'il véhiculait, avec lui, la potentialité du jeu d'argent. On a crié à un autre moment: «A la sorcière! ». Donc, de la simple carte à jouer au jeu divinatoire, le tarot n'est pas sans évoquer l'invitation au secret...

## Sur un air de diversité

Il existe plusieurs sortes de jeux. Ils ont tous l'empreinte des pays et des époques qu'ils traversent: le tarot lombard, le tarot de Besançon, le tarot de Bruxelles, et, entre autres, le tarot de Marseille. Ils diffèrent selon leur appartenance. Chaque créateur a souhaité apporter son cachet et a voulu déployer son talent.

## Sur un air de préciosité

Des cartes peintes à la main telles de vraies œuvres d'art, sublimes dans leur imagerie baroque, ont été exécutées pour certaines riches familles princières italiennes comme les Visconti-Sforza. Grâce à leurs enluminures, fort coûteuses, les artistes des grandes villes, comme Milan, Ferrare et même Bologne, en ont fait des objets de luxe réservés à l'aristocratie.

## Sur un air de royauté

Parmi nos richesses, le tarot de Charles VI est considéré comme l'un des plus anciens. La Bibliothèque nationale de Paris le conserve précieusement dans ses fonds. Ces splendides cartes, seulement au nombre de 17, proviendraient de l'Italie du nord et ont été réalisées à la fin du XV$^{e}$ siècle pour ce roi qui s'intéressait de très près à l'alchimie.

## Un prétexte à la créativité

Certains jeux s'éloignent de la représentation classique du tarot de Marseille, notamment au XIX$^{e}$ siècle, où les artistes s'en donnent à cœur joie avec les reproductions de la vie de tous les jours. Ils sont superbes, mais ne correspondent plus au symbolisme premier. Pour son style épuré et sa sobriété, le tarot de Marseille reste, par excellence, le prototype à étudier.

## Un air de célébrité

Incontestablement, le tarot de Marseille est le plus connu de tous. Certains sages ou philosophes, en tous les cas de grands érudits, ont cherché à restituer le sens caché des images et à comprendre l'étendue de cette sagesse accumulée depuis des siècles. Des ouvrages passionnants ont été écrits sur ce sujet.

# LE SYNCHRONISME

Le tarot demeure l'instrument privilégié des occultistes et des professionnels de l'avenir ; c'est le support le plus révélateur : on constate en effet presque toujours que le jeu tiré se rapporte à l'attente précise du consultant. La relation entre les cartes et l'individu se situe au-delà de l'illusion.

## Le pourquoi du comment

Il semblerait, pile au moment où l'individu mêle les cartes et les choisit, qu'une pression inconsciente oblige la main du consultant à choisir telle carte plutôt qu'une autre et que ce soit celle qui corresponde à son histoire personnelle. Il tire les cartes, dans un ordre « commandé », et ce sont celles-ci, dans leur agencement précis, qui viendront exprimer la situation passée, présente et à venir du questionneur.

## La quatrième dimension

Lorsque l'on interroge le tarot, les cartes restent magiquement liées entre elles et le consultant, tandis que le tarologue obtient lecture du devenir de la personne concernée par sa disposition à déchiffrer ce qui est inaccessible ou caché et grâce à son hypersensibilité et à sa concentration mises en action.

## Plus qu'une anecdote

Dans la vie, les manifestations de synchronisme (ou de coïncidences) sont évidentes et c'est avec la manifestation soutenue de telles simultanéités que nous nous apercevons du lien qui existe entre nous-même et le cosmos.

Par exemple, n'avez-vous jamais pensé à un vieil ami perdu de vue, à l'instant même où le téléphone sonne et que vous entendez sa voix guillerette à l'autre bout du combiné avec un « salut, ça va ? ». Si ce n'est des rencontres de ce genre dites « fortuites », de tels événements sont fréquents pour la plupart d'entre nous, surtout chez ceux dont la sensibilité est vive et les réactions affectives intenses car, dans toute rencontre troublante de ce type, un élément psychologique important se trouve mis en action chez l'une des deux personnes, ou les deux à la fois, chargeant la situation d'une grande force émotionnelle.

## Jung lève le voile

Jung s'est passionnément préoccupé, depuis le milieu des années vingt, de ces coïncidences répétitives, de ces connexions que les individus rencontrent souvent en séries ou groupées, et dont l'apparition présente plus un caractère de « sens » que de hasard.

Le principe de la synchronicité devient existant lorsque la coïncidence et le sens de cette coïncidence sont liés par la simultanéité, c'est-à-dire qu'en plus de la connexion de la cause et de l'effet, il existe une notion de sens à cet événement que l'on attribuerait facilement au hasard. Ce qui expliquerait pourquoi, dans le cas d'un tirage de tarot, la main choisit justement les cartes qui doivent être tirées, dans un sens déterminé, pour que le tarologue (justement celui-là) puisse l'interpréter. J'ajoute même, qu'en présence d'un autre tarologue, le consultant - toujours grâce au phénomène de synchronicité - tirerait peut-être d'autres cartes et dans un autre sens, pour que ce devin-là (justement cet autre-là), puisse les interpréter en fonction de ses codes personnels et de sa méthode de lecture.

## Pourquoi ça marche ?

Jung ajoute que l'âme, dans un désir intense de vouloir, possède une force de mouvement et une efficacité qui va dans son sens. Ainsi, dans notre cas précis, l'âme, alors douée d'un sixième sens, pousse la main à choisir LA lame qui traduira son destin.

## La connaissance

L'interprétation du tarot demande en général des années d'expériences, mais avec un bon sens visuel et le sens des métaphores, cet outil devient vite le moyen le plus riche pour développer sa clairvoyance et son intuition.

## Mise en garde

Interroger le tarot pour prédire l'avenir est l'aboutissement d'une réflexion intérieure. Il est indispensable de penser qu'en tirant les cartes, on matérialise des énergies cosmiques. D'ailleurs, une corrélation parfaite s'établit toujours entre la valeur symbolique de la carte et l'inconscient du consultant. C'est pourquoi, par souci de déférence et aussi au risque de devenir un mauvais prophète, il faut se garder de chercher à épater son entourage.

# LA MÉTHODE DE LECTURE

Comme nous venons de le définir dans le chapitre précédent, rien n'est dû au hasard! Dans la vie, tout ce qui arrive est la conséquence d'une loi préétablie, d'une loi des cycles. Après la pluie, le beau temps, ou bien, tout naît pour évoluer, culminer et... mourir! Aussi, les cartes du tarot qui présentent un aspect comparable à celui d'une «bande dessinée de la vie», simulent, par leur graphisme et leurs couleurs, leurs actions, les changements, les faits, les bonheurs et les malheurs que l'être humain rencontre sur son chemin.

## Comme une musique

Une carte, observée isolément, envoie un message, indique une possibilité, mais elle ne prend vraiment son amplitude ou sa résonance, que lorsqu'elle entre en communication ou vibre aux côtés d'une autre carte.

Commence alors un chant, une harmonie rythmée de cadences et de tempos juxtaposés. À l'instar d'une note de musique qui ne peut être isolée, les lames du tarot forment un ensemble cohérent.

## Lire une portée

Le tirage en ligne, c'est comme lire une portée musicale. Sur une même ligne, une note après une autre note entonne un air. Sur une même ligne, une carte après une autre carte entame le déchiffrage d'une histoire.

## Comme un triptyque

Lorsque l'on regarde cette suite de cartes disposées les unes à côté des autres, on plonge dans une vue panoramique ou dans une tranche de vie en volets. Le premier arcane, ou le premier volet, annonce le suivant. On lit, les uns derrière les autres, les événements d'une vie, comme un film qui se déroule avec ses séquences, telle une suite de plans filmés constituant une scène pour une unité narrative. Comme une séquence après une autre séquence qui constitue un tout.

## Lire un livre d'images

Lorsque l'on regarde une bande dessinée, même sans lire le texte placé dans les bulles, on arrive à comprendre le sens de l'histoire. Sur une planche, une page de livre, on retrouve plusieurs images assemblées dans un ordre organisé pour créer une dynamique. Les artistes, en plus du texte et de leur graphisme, apportent au lecteur une énergie différente selon la manière dont ils disposent leurs dessins encadrés. Prenons par exemple la disposition n° 1 qui est très différente de l'assemblage n° 2. La superposition de ces images inspire un sentiment différent. Les yeux du lecteurs sont obligés à un mouvement particulier pour suivre son histoire. Inconsciemment, ce mouvement engendre un impression de gaieté ou de peur, le lecteur ressent la force ou la douceur de l'action ou tout autre sentiment personnel.

1.

2.

## Les images fredonnent

Lorsque nous disposons les cartes sur la table, les unes à la suite des autres, elles ne sont pas forcément parfaitement collées chant à chant et posées sur une base en ligne parfaitement droite. Imperceptiblement, elles se « cognent », elles se superposent, l'une est placée un peu plus haut que celles qui l'entourent, une autre peut être placée plus bas...

Pendant le tirage, des cartes tombent... elles sont aussi à prendre en considération ! L'arcane qui tombe est bien entendu à considérer comme existante : elle reste *extérieure* à l'action.

# LE TIRAGE DES CARTES

## Le tirage

On n'utilisera que les 22 arcanes majeurs et seulement dans un sens, c'est-à-dire que l'on n'interprétera jamais les cartes en position renversée.

Préparez votre question. Elle peut être ouverte : « que va devenir ma vie sentimentale ? », ou très précise : « que va devenir ma vie sentimentale avec X ? », voire encore plus franche encore : « est-ce que X va me revenir ? »...

Attention : à partir du moment où vous posez une question, vous devez être en mesure de recevoir - d'entendre - la réponse !

Vous êtes prêt ? Donc, battez vos cartes et disposez-les, face retournée, sur la table. Étalez votre jeu. Posez mentalement ou à haute voix votre question. Toujours concentré sur votre demande, sortez cinq cartes du jeu et placez-les de gauche à droite dans l'ordre de sortie. Retournez-les, c'est-à-dire laissez apparaître la face imagée de la carte.

Important : attendez que toutes vos cartes soient sorties avant de les retourner ! Si vous les retournez au fur et à mesure, vous pourriez vous laisser influencer par l'apparence de la carte et guider ainsi insidieusement la suite du tirage.

Plus votre question est ouverte : « que va devenir ma vie sentimentale ? », plus vous devrez sortir de cartes. Disposez alors devant vous 5 arcanes, voire 7. Si elle est très précise : « que va devenir ma vie sentimentale avec X ? », 5 lames conviendront bien. Si elle est fermée : « est-ce que X va me revenir ? », vous n'attendez qu'une réponse brève, 3 cartes suffiront donc. Il n'est pas nécessaire de délayer le commentaire, l'interprétation !

## Nota bene

Si vous éprouvez le besoin d'établir un rituel (bougie allumée, tirage de la main gauche...), faites-le : il est indispensable que vous vous sentiez à l'aise avec votre jeu.

Si vous souhaitez « charger » votre jeu habituel ou votre jeu neuf, vous pouvez, vous devez bien entendu le faire. Certains placeront leurs cartes sous leur oreiller pendant leur sommeil, d'autres contre leur cœur et sur leur peau pendant la journée.

A chacun sa méthode, à chacun ses croyances. Vous devez surtout vous sentir dans une liberté totale, c'est indispensable. Le devin ne doit ressentir aucune contrainte vis-à-vis de ses cartes.

## Impair et manque

Le nombre de cartes choisies doit être de préférence impair ! La carte centrale découpant ainsi le jeu étalé en trois phases. Le centre caractérise le présent, ce qui précède représente le passé, ce qui suit évoque l'avenir. Dans ce tirage en ligne, vous avez l'origine, le présent et la finalité de votre histoire, c'est-à-dire le panorama complet de l'évolution.

Rappel : plus votre réponse demande une réponse incisive, moins vous devez sortir de cartes ; plus votre question appelle une explication ample, plus vous devez tirer de cartes.

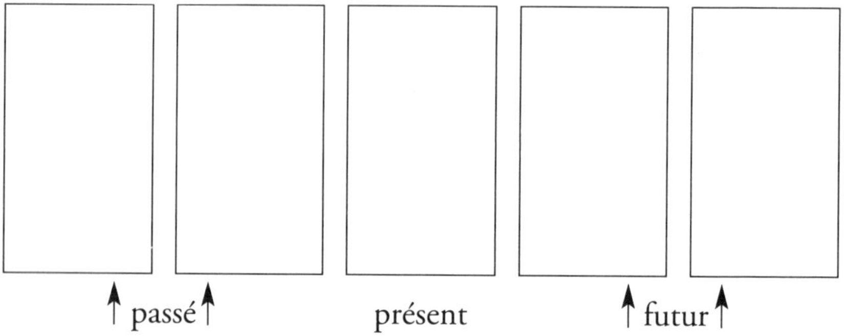

*On tire et on lit les cartes de gauche à droite,*
*à l'instar de notre sens d'écriture et de lecture.*

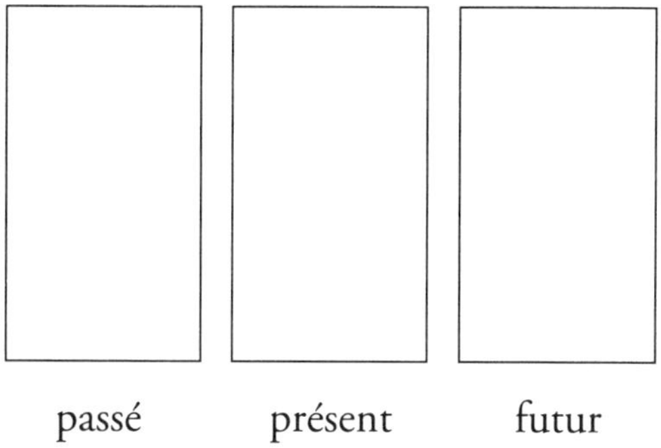


## La finalité

Souvenons-nous que les arcanes du tarot sont à l'image des lettres de l'alphabet : chaque lame a son propre son, et lorsque l'on en rassemble quelques-unes, elles forment un groupe de sons correspondant à un sens, tout comme le mot qui offre une possibilité de langage. Les signes graphiques ou les « pictogrammes » représentés par une carte constituent un dialecte qui objective la pensée.

Donc, lire cette « ligne » de tarot comme un enfant lirait un livre d'images est le procédé le plus élémentaire jusqu'ici présenté.

# LE POUVOIR DES IMAGES

« Les images sont plus fortes
que les idées elles-mêmes. »
Gaston Bachelard

## Une impression générale

Les images du tarot de Marseille sont de superbes représentations d'une grande simplicité de graphisme et d'une plaisante clarté dans leurs couleurs.

On y trouve des personnages à la mine plutôt débonnaire et au regard clément, mais aussi un pendu, un diable, un squelette et des animaux familiers comme le chien ou le loup, une écrevisse, des chevaux, des oiseaux... on y aperçoit aussi le soleil, la lune et les étoiles...

Certaines cartes nous inspirent une certaine dynamique, tandis que d'autres nous semblent statiques. Certaines lames éclairent alors que d'autres nous plongent dans le mystère !

## Pour une impression personnelle

Pour donner une signification acceptable à une carte, certains initiés attachent la plus grande importance au dessin des costumes, des visages, à la position du personnage, au choix des couleurs, aux chiffres et à leur correspondance cabalistique, ainsi qu'aux noms des arcanes ; tout a une valeur symbolique !

Par exemple, pourquoi l'Impératrice nous fait-elle face en regardant à droite ? Pourquoi l'Empereur est-il représenté à demi de profil et pourquoi la disposition de ses jambes forme-t-elle un 4 ? Pourquoi certaines têtes sont-elles découvertes alors que d'autres portent une coiffe ? Tant de discours cachés sollicitant des commentaires, des interprétations…

Certains tarologues donneront une signification différente à la carte si elle sort droite ou renversée.

## Comme un survol

Pendant tout notre temps d'éveil, nos yeux engrangent une foultitude de clichés et décodent des milliards d'informations. En général, le couple œil-cerveau cherche à simplifier une image pour faciliter sa compréhension.

La première lecture, en général, se fait par balayage ; en effet, l'œil explore l'image en deux ou en trois dimensions par un incessant mouvement afin d'en couvrir la plus grande partie. Dans ce mouvement, il se laisse guider par les lignes qui caractérisent l'ensemble. Lors de cette phase l'observateur fait appel à sa mémoire et à ses références et il introduit, souvent inconsciemment bien sûr, des préjugés ou des idées reçues dans l'interprétation de ce qu'il observe. Il est donc important d'apprendre à regarder vraiment ce qui s'offre à nos yeux.

## Pour le complément

Prenons l'exemple du Bateleur. On s'aperçoit bien que cet arcane représente un jeune homme en chapeau, solidement campé sur ses pieds, debout et de face, légèrement incliné, manipulant des objets posés sur une table lui faisant face… Mais aviez-vous vu qu'il tient un objet dans sa main gauche qui ressemble à une baguette ? Celle-ci évoque un musicien, un chef d'orchestre, un dirigeant, un manipulateur entre autres… En regardant mieux, on peut supposer que ce bâton peut imiter un crayon (pour écrire), une paille (pour boire), une règle (pour mesurer), une pipette de laborantin ou de préparateur en pharmacie, par exemple !

En effet, observer une carte et se laisser le temps de s'en imprégner apporte une richesse supplémentaire à la lecture du tarot. Après un temps d'étude, on remarque ou on synthétise que le Bateleur est en mouvement et qu'il manie avec dextérité les éléments qu'il a à sa disposition. Il paraît actif et dynamique…

**Pour un ton individuel**

Les cartes ont un mouvement : voyez l'Hermite qui est droit comme un « I », la Tempérance qui est souple comme une parenthèse « ) », le Mat qui a une attitude oblique « / »… Mais plus intéressant encore, voyons le mouvement général imposé par la composition de plusieurs arcanes. Par exemple :

Autre chose : une carte, dans son ensemble, véhicule une énergie. Voyez comme la Justice est statique, voyez comme la carte du Diable est vibrante. Mettez côte à côte le Diable et le Jugement : n'entendez-vous pas gronder, tonitruer ? Le Diable peut sautiller de ses excès !

Ensuite, placez la carte du Diable à gauche de celle de la Justice.

Ne vous semble-t-il pas que le Diable est bloqué, prisonnier de la rigidité de la Justice ? Placez donc, pour voir, le Diable à droite de la Justice. N'avez-vous pas l'impression qu'il vient de se libérer et qu'il va pouvoir s'en donner à cœur joie ? Il ressemble au diablotin qui sort de sa boîte pour effrayer, surprendre, ou faire une farce !

## Pour une ligne générale

Voyez comment, avec le Mat, la Tempérance et l'Hermite placés dans cet ordre, une courbe ascendante se dessine. En partant du bas du ventre de l'animal, la droite révélée ici souligne, en les suivant, les points importants des cartes postérieures. Donc, dans le jeu ci-dessous, on peut parler d'évolution ou de jeu évolutif.

Absence de dynamique ou d'évolution dans la série suivante : Justice, Chariot et Pendu. L'horizontale indiquée ici fait bien figure de stabilité, de fixité, voire d'immobilité :

## Une évidente évidence

Dans la suite d'arcanes ci-dessous, observez : la Papesse et le Pape, dans cet ordre placés, sont bien ensemble, mais ils ne se concertent pas, ne forment pas une unité puisqu'ils se trouvent dos à dos. En revanche, le Pape à gauche de la Papesse illustre le cliché du duo en parfait accord.

Maintenant procédez pareillement avec l'Impératrice et le Bateleur ou avec l'Impératrice et la Papesse... Jouez à disposer vos cartes et notez ce que vous percevez ! Insistez bien sur leur regard... Voyons l'Impératrice à gauche du Bateleur ; le Bateleur regarde tendrement l'Impératrice qui semble le regarder dans la plus grande neutralité. Disposez alors l'Empereur à droite de l'Impératrice et notez le regard animé de cette femme qui semble attendre, un tantinet inquiète, l'approbation de cet homme qui la regarde assez fixement ou durement.

**Fermeture ou ouverture ?**

Un tirage de tarot peut-il donner ou non une note d'espoir ? Voyons avec les exemples suivants :

Notons que l'Hermite, qui clôt le jeu, empêche toute possibilité d'à venir : il s'impose ici comme un homme qui enferme sous sa cape le passé (les cartes qui le précèdent) et qui ne laisse nulle échappée vers l'extérieur (aucune carte ne le suit !). D'ailleurs, en clignant des yeux, vous vous apercevrez que la tache sombre que forme son manteau « ferme » les débats, clôture le jeu.

Dans cet autre cas, l'Impératrice termine le jeu et quoi qu'il se passe dans les cartes la précédant, elle se détourne du passé par son regard qui s'oriente vers l'extérieur…

## La forme extérieure

Vous devez tenir compte des positions ou des orientations des personnages du tarot, parce que celles-ci sont révélatrices. Exemple :

- la position assise indique une certaine assise bien sûr, mais aussi une belle passivité, une réflexion avant d'agir et une grande réceptivité ;
- la position debout engendre un mouvement, une évolution, une entreprise, une démarche, un vouloir, une énergie ;
- le regard de face suggère une franche et forte personnalité, une grande lucidité et ténacité ;
- le regard tourné vers la gauche révèle que l'individu réfléchit avant d'agir, mais se tourne encore ou regarde beaucoup vers le passé ;
- le regard tourné vers la droite génère une action directe, une prise de décision, le besoin d'évoluer et de se tourner vers l'avenir.

## Jouons un peu…

Pour développer davantage votre sens de l'observation, amusons-nous à établir quelques comparaisons avec les arcanes majeurs du tarot de Marseille. Constatez que les cartes se rassemblent par groupes ou paires :

La Roue de Fortune et le Monde représentent deux « roues », deux cercles :

La Justice et la Force ont la même tête. Côte à côte, on pourrait penser que la Justice se lève pour faire de l'exercice !

L'Arcane sans nom et le Mat ont la même position, la même attitude. On pourrait penser que l'Arcane sans nom est la radiographie du Mat, que l'on ne voit que son squelette.

Dans le même état d'esprit, comparez les positions du Bateleur et de la Tempérance. Elles sont identiques :

L'impératrice et le Pape se ressemblent aussi dans leurs orientations et leur attitude :

La Papesse et l'Empereur sont dans ce même cas:

Dans l'arcane de l'Amoureux, tout comme dans la carte du Jugement, on note la présence d'un ange dans la partie supérieure de la carte et de trois personnages dans la partie inférieure:

Le Pendu et la Maison-Dieu; nous constatons que les cartes accentuent leur verticalité par leur sujet (la tour et un homme pendu) et que les personnages de ces deux cartes ont la tête en bas:

Si l'on renverse la carte du Pendu on retrouve le même personnage que celui du Monde. On pourrait penser que le personnage, une fois libéré, danse ou flotte dans sa bulle:

Quant aux personnages du Chariot et celui du Diable, ils sont dans les deux cas surélevés, montés sur quelque chose, ils tiennent un sceptre ou une épée, soit un objet pouvant avoir un pouvoir menaçant et tiennent « en laisse » deux sujets ; pour le Diable, ce sera ses diablotins, pour le Chariot, ce sera ses chevaux.

Observons maintenant cette suite de cartes, l'Etoile, la Lune, le Soleil. Notons qu'il s'agit ici d'astres et que leur graphisme occupe visiblement la place la plus importante de l'arcane :

Nous retrouvons inclassable et bien seul, l'Hermite, qui ne ressemble à personne et qui ne peut s'associer à quiconque…

## Les similitudes

Il est possible de classer, par groupes, les lames majeures du tarot. Par exemple, nous pouvons rassembler :

– les personnages féminins : la Papesse, l'Impératrice, la Justice, la Force, la Tempérance, l'Etoile, le Monde ;

- les personnages masculins : le Bateleur, l'Empereur, le Pape, le Chariot, l'Hermite, le Pendu, le Mat ;
- les cartes d'action : le Bateleur, le Chariot, la Roue de Fortune, l'Arcane sans nom ;
- les cartes stables et de pouvoir : la Papesse, l'Impératrice, l'Empereur, le Pape, la Justice, la Force ;
- les cartes paisibles : la Tempérance, l'Etoile, le Soleil, le Monde ;
- les cartes d'inquiétude : l'Amoureux, le Pendu, la Maison-Dieu, la Lune ;
- les cartes difficiles : le Pendu, l'Arcane sans nom, le Diable, la Maison- Dieu ;
- les cartes de soudaineté : le Diable, la Maison-Dieu, le Jugement, le Mat ;
- les cartes de rapidité : le Bateleur, le Chariot, la Roue de Fortune, le Jugement ;
- les cartes de lenteur : la Papesse, le Pape, l'Hermite, l'Etoile, la Lune ;
- les cartes de blocage : la Justice, la Force, le Pendu.

**Savoir regarder une carte, c'est interpréter 90 % de son âme, de son énigme.**

# LES FLASHES

La voyance pure n'est pas un phénomène permanent. Elle vous prend lorsque vous ne l'attendez pas ! Fréquemment elle se cale aussi au fond de vous et se manifeste sournoisement sous la couverture de ce que l'on appelle plus aisément l'intuition.

## Qu'est-ce qu'un flash ?

Le cliché est une image qui vous traverse la tête, une sensation qui vous « prend » au ventre, une certitude qui jaillit... même si vous êtes en pleine occupation physique ou intellectuelle. La netteté et sa soudaineté en font ses principales caractéristiques. Son atout essentiel reste la précision. Ne pas savoir dater demeure son principal défaut, déficience qui devient vite négligeable tant un cliché est précieux par sa fugacité et sa fragilité.

Cette forme de clairvoyance est la plus rare. Souvent la révélation échappe au « voyant » car il peut rarement en vérifier l'exactitude : l'image est si prompte, si saugrenue, si aberrante et souvent vide de sens pour celui qui la reçoit, qu'il pense avoir rêvé, avoir été victime d'une hallucination. Il peut ne pas en tenir compte. Il établira ou non le rapprochement en entendant quelques jours plus tard, sur les ondes ou dans son entourage, l'information qu'il avait déjà obtenue. Après avoir « reçu » un flash, le voyant garde au fond de lui en filigrane, la sensation étrange d'une certitude de ce qui va se produire, même si les détails ont disparu.

Souvent, une image très précise s'entoure vite, paradoxalement, d'inconsistance : à quoi correspond cette image ? pour qui et pourquoi la recevez-vous ? Un cliché n'est jamais forcément clair. Vous « voyez » que votre voiture, lors de votre prochain voyage, tombera en panne... mais où ? quand ? comment ? Autre exemple : vous « voyez » qu'un individu forcera une porte. Mais quel est son visage ?

quand? à qui appartient cette porte? Même si vous savez que ce cambrioleur va fracturer une maison qu'assurément vous connaissez, vous ne disposez pas de tous les détails.

Dater! C'est là que le bât blesse. Lorsque l'on reçoit un flash, il n'y a hélas, dans le champ de vision, jamais de calendrier affichant la date du jour où se situe l'action. Un détail comme la couleur des feuilles d'un arbre peut, par exemple, situer une saison, ce genre d'élément peut toutefois échapper au voyant inexpérimenté.

## Le film intégral

Entrevoir une histoire complète de la vie d'un individu, du début jusqu'à la fin, est une donnée exceptionnelle. Généralement le voyant perçoit un morceau de vie qu'il situe couramment hors du temps ; cependant il rassemble difficilement les origines et la finalité de ce qu'il a pu prédire. Ainsi, les voyances par clichés sont considérées comme souvent incomplètes et restent difficilement vérifiables, tant nous échappent les possibilités de contrôle, de confirmation.

## Les moments forts

Un voyant peut « voir » sur commande lorsqu'il utilise un support (tarot, pendule, boule de cristal...) Néanmoins, la voyance pure se vit au quotidien. Elle est fondue dans notre rythme de vie et c'est pourquoi les événements positifs (que nous visualisons autant que les crises) passent presque inaperçus, tandis que les vicissitudes, les méfaits, les incidents nous interpellent spontanément car ils « choquent » notre esprit et heurtent notre sensibilité.

C'est ce qui explique pourquoi un voyant, pressentant aussi bien les faits heureux que malheureux, exprime davantage les troubles, puisque c'est ce qui l'apostrophe rudement en le déstabilisant.

### Trouver le lien

Un voyant qui répond à une question posée par un consultant peut recevoir « autre chose », un cliché concernant un autre sujet, un autre domaine que celui qui intéresse le questionneur. En général, l'information recueillie, même si elle est décalée, n'est pas sans concordance avec la préoccupation ou l'attente du sujet.

### Les conditions

Plus l'individu est fragilisé, plus ses émotions sont touchées, vives, plus sa sensibilité est exacerbée, plus il intercepte, surprend les « ondes » qui vont l'atteindre ou ébranler ses proches. La fatigue aide encore l'individu à baisser sa garde, à s'abandonner à sa vulnérabilité.

**Il est d'ailleurs recommandé, pour toutes les personnes qui se laissent envahir par leurs pressentiments ou qui ne peuvent maîtriser le flot de ces visions perturbatrices, de s'imposer un barrage mental infranchissable entre elles-mêmes et cette invasion agressive afin de vivre plus sereinement leur quotidien.**

### La méthode et le cliché

Comme nous le verrons dans les chapitres suivants, aussi surprenant que cela puisse paraître, les cartes peuvent s'animer devant nos yeux, voire nous chuchoter des informations ! Je n'ai jamais mené de recherche particulière pour élire cette méthode, je me suis simplement laissée aller à tirer le tarot aussi simplement que je le sentais ; mais grâce à cette technique, et parce que la richesse de cette disposition panoramique engrangeait une abondance de clins d'œil furtifs, d'images précises ou de scénarios divers, j'ai constaté que je développais une foultitude de flashes et que je devenais de plus en plus clair-audiente. Il m'arrive très souvent de restituer dans l'exactitude du sens et des mots une phrase ou la synthèse d'un discours que l'on a tenu ou que l'on tiendra à mes consultants.

Lorsque nous avons sous les yeux le tableau d'une histoire ou d'une tranche de vie, notre regard sait aller à l'essentiel, capte et « vit » le détail qui frappe, comme on remarquerait immédiatement la cerise sur le gâteau. Sur une série d'arcanes, soudain deux cartes ou trois s'animent pour attirer votre attention sur ce qui « est » ou sur ce qui s'est produit, voire vous avertir de ce qui va se produire.

DEUXIÈME PARTIE

# LES CARTES

# LA COMPOSITION DU TAROT

## Une belle construction

On ne peut parler du tarot de Marseille sans parler de son expression. Il se compose de 78 lames (cartes, ou appelées encore « arcanes »). 22 sont dits arcanes majeurs, 56 autres sont dits mineurs.

Les arcanes majeurs sont numérotés de 1 à 21 puisque la carte du Mat ne porte pas de numéro. Les arcanes mineurs sont divisés en quatre groupes nommés quatre couleurs : les coupes, les épées, les bâtons, les deniers. Les 22 lames majeures sont la quintessence, l'âme même du tarot et sont utilisées le plus souvent. Les mineures permettent de nuancer les indications fournies par les majeures. Elles offrent des renseignements parfois supplémentaires.

## Sur un mode mineur

Avec les arcanes mineurs, nous plongeons dans les quatre éléments qui sont :

- l'eau, en correspondance avec la Coupe, avec sensibilité et affectivité ; on pense ici à l'amour et au domaine du cœur.
- la terre, en correspondance avec le Denier, symbole de matérialité ; monde des transactions et des affaires financières. Symbole de sécurité.
- l'air, en correspondance avec l'Epée et l'intellectualité ; on pense, avec les Epées, aux tracasseries, aux difficultés mais aussi à l'ouverture spirituelle.
- le feu, en corrélation avec le Bâton, avec ardeur et enthousiasme à la clé. On évoque ici le monde des affaires, l'activité, le pouvoir et la réussite sociale.

Dans chacune de ces « familles », nous trouvons des lames numérotées de 1 (l'As) à 10, et quatre personnages ou « honneurs », c'est-à-dire : un valet, un cavalier, une reine et un roi.

# LE BATELEUR

**Descriptif de l'image :**

LA CARTE DU BATELEUR représente un homme jeune en chapeau, debout et de face, légèrement incliné, solidement campé sur ses pieds, manipulant des objets posés sur une table lui faisant face. Il est en mouvement et manie avec dextérité les éléments qu'il a à sa disposition. Il semble actif et dynamique.

LE NUMÉRO 1 DE LA CARTE évoque ce qui ne peut être divisé. Le 1, c'est le principe actif et créateur. La carte du Bateleur symbolise donc le commencement ou l'unité. Dans le concret, on peut dire que ce jeune personnage est un apprenti. Cette carte représente souvent le début de quelque chose.

LE NOM DU BATELEUR désigne quelqu'un qui, autrefois, faisait des acrobaties, des tours de magie ou d'adresse sur les places publiques. Le Bateleur peut donc représenter un magicien, un illusionniste, un saltimbanque – donc un artiste –, et un camelot. Il est avant tout comédien ou conteur. Cette carte nous évoque le cirque, le théâtre…

Le Bateleur a un visage séduisant, serein et équilibré. Il a l'aspect fragile d'un adolescent, aux cheveux blonds bouclés et au visage d'ange. On peut donc dire de lui que c'est un jeune garçon ou un jeune homme; il peut être, dans un jeu, le fils, le frère, le copain, l'amant ou le jeune époux. On en déduit qu'il est novice et on lui accorde une certaine innocence. La tête est inclinée et laisse supposer une certaine mélancolie.

Son regard semble jauger, comme s'il soupesait ou faisait un choix avant d'agir. Le Bateleur peut être un examinateur.

La main gauche du personnage désigne le haut. Le geste du bras, accompagné d'une baguette évoque un musicien, un chef d'orchestre, un dirigeant, un manipulateur. Le bâton, principe masculin, signe d'action, de force et de volonté, de puissance et de dignité, peut imiter un crayon (pour écrire), une paille (pour boire), une règle (pour mesurer), une pipette de laborantin ou de préparateur en pharmacie.

La main droite du Bateleur indique le bas. Il semble jouer avec un miroir qui capte les rayons du soleil. Il sait jongler avec les effets miroirs et les illusions. Avec sa jeunesse et sa vivacité d'esprit, on pense ici volontiers au signe des Gémeaux. En amour, il doit être baratineur, léger, séducteur et entreprenant, toutefois démonstratif!

Sur la table, la coupe représente le symbole féminin, l'imagination l'amour et la beauté. Le couteau véhicule l'audace, la passion. Cet homme a la capacité de se défendre. Le fourreau souligne la liberté de se servir ou non du couteau puisque si le Bateleur remet l'objet tranchant dans son étui, il renonce à la force qu'apporte le port d'une arme blanche. Il y a dans cette carte un certain pouvoir d'action. Les deniers évoquent le commerce et les transactions.

L'objet rond tenu dans la main du personnage peut être une pièce de monnaie; cet homme manipule de l'argent engendrant acte d'achat ou de vente. On peut dire que le Bateleur est un commerçant, voire un marchand ambulant puisqu'il est en plein air. En tout cas, c'est un indépendant. La situation rappelle un marché, un magasin.

L'homme, ayant déballé tous les objets de sa mallette, ressemble à un représentant de commerce, un démonstrateur. Il s'agit ici d'un individu qui sait convaincre, qui se doit d'être observateur. Il expose, démontre, manipule et argumente. Le Bateleur peut être bonimenteur et par conséquent, charlatan ou voleur.

Tous les objets posés sur la table font penser à un pharmacien (les pots), à un cuisinier (le couteau et la coupe). On peut y voir des outils. Le sac devient sacoche à outils. Le bagage permet aux objets d'être rassemblés dans une même unité. Il est ouvert et on y cache aisément certaines choses ou on les en extrait.

L'individu semble se tenir debout face à un comptoir où reposent un gobelet, un verre, des dés – image habituelle du jeu de hasard –, et des pièces de monnaie; on le croirait au bistrot. Tout nous fait penser à un joueur, à un fêtard...

La table est épaisse, massive, solide, et seuls, trois pieds sont visibles. On peut penser que cette table est un établi, et que le Bateleur est un bricoleur, ou à un artisan.

Le brin d'herbe naissant sous les pieds du Bateleur représente la naissance du printemps. Le sol, visible, implante le Bateleur en extérieur. On s'aperçoit donc que le personnage œuvre au milieu de la nature tel un jardinier ou un paysagiste. Il travaille debout, risque d'avoir les jambes lourdes; d'ailleurs les couleurs différentes de ses jambes suggèrent une mauvaise circulation sanguine.

**En situation, le Bateleur représente:**

- un homme avec un chapeau
- un jeune homme blond
- un homme séduisant
- un visage d'ange

– un adolescent
– le fils, le frère, le copain
– l'amant, le jeune époux
– la mélancolie
– un homme devant un comptoir
– un bistrot
– un joueur, le jeu
– un fait du hasard
– la frivolité
– un homme qui manipule
– un illusionniste, un magicien
– un saltimbanque
– un comédien, un artiste
– le cirque, le théâtre
– l'habileté, l'adresse
– l'activité, le travail
– un commerçant, un vendeur
– un marchand ambulant
– le commerce
– un achat ou une vente
– un magasin, un marché
– un homme qui manipule de l'argent
– un homme qui manie une baguette
– un musicien, chef d'orchestre, dirigeant
– un homme en mouvement
– un travailleur, un homme d'action
– l'action
– un pharmacien, un préparateur en pharmacie
– un laborantin
– un cuisinier
– un représentant
– un démonstrateur
– la persuasion
– l'initiation
– un beau parleur
– le charlatanisme, le mensonge

– un observateur
– un examinateur
– un baratineur, un séducteur
– la légèreté
– un homme entreprenant
– un homme démonstratif
– un artisan
– un apprenti
– une profession indépendante
– un homme qui travaille au milieu de la nature
– un jardinier, paysagiste…
– un homme qui travaille debout
– jambes lourdes ou douloureuses
– un bricoleur
– un homme qui peut se défendre
– le début des choses
– le printemps…

# LA PAPESSE

**Descriptif de l'image :**

LA CARTE DE LA PAPESSE représente une femme d'un certain âge, portant une tiare, assise de trois-quarts sur un trône recouvert d'un voile blanc qui symbolise la pureté. Elle porte un grand manteau et tient dans ses mains un livre ouvert reposant sur ses genoux. On la ressent réfléchir à une phrase qu'elle vient de lire ou simplement attendre dans la concentration, le calme et la méditation. C'est une carte de gestation. L'image est massive. La Papesse peut représenter une mère, une belle-mère, une grand-mère.

LE NUMÉRO 2 DE LA CARTE évoque une croissance (1+1). Le nombre 2 est le nombre de la fécondité.

LE NOM DE LA PAPESSE désigne une personnalité religieuse nantie d'une certaine connaissance basée sur des principes spirituels. Dans l'histoire des religions, une femme aurait été pape sous le nom de Jean VIII au IX^e^ siècle. Par extension, on peut penser que cette femme prononce des vœux.

Elle semble froide, distante et méfiante, avec une expression impassible sur le visage… néanmoins réceptive et disponible. Elle a un sourcil relevé comme si elle était attentive à un fait. Pourtant elle n'incite pas à la communication parce qu'elle se présente figée. On ne perçoit pas sa chevelure. On suppose voir ici une femme habituée à porter des foulards ou des chapeaux, voire une femme aux cheveux très courts.

Sa bouche est fermée. Elle semble silencieuse et ne trahira pas ce que l'on va lui confier. La Papesse sait se taire. Elle symbolise le silence et paraît insondable, impénétrable. La communication n'est pas aisée. Carte d'incommunicabilité.

Son regard est bovin, peu vif, attentif, mais absent. Elle semble regarder fixement. Passivité ou mollesse. Elle peut songer ou rêver les yeux ouverts. Carte de voyance ou de rêve prémonitoire.

Elle semble complètement emmaillotée. Idée de froid ou de personne frileuse, personne âgée. On ne voit pas son corps, son cou. Elle peut être religieuse, infirmière (pendant la guerre à la Croix-Rouge) ; elle agit en silence, sans faire d'éclat. Patiente. Tout est caché… à part le livre, la croix. Elle peut représenter les secrets, les maladies cachées. Personne avec une vocation, un savoir, une connaissance. Elle initie ou s'initie.

Sa cape, telle qu'elle est disposée, semble lui enserrer les avant-bras et on a l'impression de gêne: elle ne peut pas les ouvrir davantage à cause du manteau qui paraît coincé. Le bras semble être en écharpe. Elle n'a pas toute sa liberté de mouvement. A besoin d'un maximum de concentration.

On aperçoit un bout de son siège (banc) et un dossier haut. On peut dire qu'elle trône telle une reine que l'on consulte. On la suppose dans un intérieur. On pourrait la voir lire ou se reposer sous une véranda avec la clarté qui tombe sur elle, ou sur une terrasse en hiver.

Sur le dossier de son siège, se trouve un voile, une draperie masquant l'environnement comme des rideaux tirés. On pense encore aux meubles recouverts de draps dans une maison abandonnée. Notion de repos en villégiature. Personne casanière. Le fait de voiler quelque chose (ici, le dossier du trône) attribue à l'arcane II une valeur de mystère. Carte de l'occulte.

Elle est assise, le dessin compacte toute la carte. La Papesse est statique. Aucune idée de mouvement. Elle attend que les choses ou les êtres viennent à elle. La personne est introvertie, secrète, muette, fermée.

Ses bras ouverts déterminent sa capacité d'accueil. On peut venir consulter la Papesse qui écoutera nos secrets, nos problèmes. On la voit sereine dans sa médiation. Elle attire la confidence et la confession. On pourra se confesser à elle. Elle peut être un excellent intermédiaire.

Les attaches de ses mains sont fines. Ses mains symbolisent sa finesse d'esprit, sa subtilité. On dit des petites mains : des mains d'« accoucheuse ». La Papesse est une sage-femme. Elle semble en réflexion, féconder une idée. Aperçu de lenteur, de gestation d'une situation. Notion de grossesse, de fécondité.

Son regard porte au loin (idée de voyance). C'est peut-être pour elle un moyen de se présenter, de se donner une contenance. Elle paraît se laisser déconcentrer, comme lorsqu'on lit à l'intérieur d'un café ou sur un banc public. Elle évoque un écrivain, une bibliothécaire, un ou une libraire.

L'ouvrage ouvert sur ses genoux n'est pas consulté par la Papesse. Elle y pose un doigt comme si elle lisait du braille. La Papesse peut donc représenter une personne qui a des difficultés de vue ou qui est non-voyante. Symbole de la science, le livre révèle la connaissance du passé. On peut la dire gardienne de secrets ; par extension, médecin, analyste, psychanalyste. Grâce au livre, elle apprend. Carte d'apprentissage, de formation, de stage, d'études. Elle semble faire passer un examen, être enseignante, examinatrice.

Elle a les bras ouverts, le livre est ouvert tel un réceptacle. On pourrait l'imaginer tenir un grand saladier posé sur son ventre comme une mère de famille préparant la cuisine dans un récipient géant pour grande tablée. Elle est la mère, la grand-mère, la belle-mère, celle qui nourrit intellectuellement, spirituellement ou matériellement. Notion de sécurité.

Le bas de sa robe cache ses pieds, ce qui prouve bien son immobilité. La Papesse est inactive.

**En situation, la Papesse représente :**

- Une femme âgée
- une femme assise
- une femme très habillée (vêtements d'hiver ou uniforme)
- une femme qui porte un fichu, un foulard, un châle
- une religieuse, la spiritualité
- une infirmière
- la Croix-Rouge
- une profession de foi, vocation
- une personne introvertie, effacée, discrète
- une personne silencieuse, muette
- une personne sereine et méditative
- la connaissance, le savoir, la vérité, la sagesse
- la voyance, l'occultisme, le mysticisme
- l'attente
- la confidence
- le secret conçu, caché ou gardé
- maladie cachée
- une analyste
- « reine » que l'on consulte ou médiatrice qui écoute
- personne sous une véranda
- l'hiver
- loisirs intellectuels, culture de l'esprit
- philosophie, réflexion, méditation
- maison vide ou villégiature
- rideaux tirés en plein jour
- notion de cocooning, personne casanière
- lecture, apprentissage
- étude, formation
- examen

- personne qui se donne une contenance, une attitude
- personne qui apprend un rôle et le récite en elle-même
- personne ayant rapport avec le livre (libraire, bibliothécaire, presse, écriture, support papier)
- elle lit sur un banc, dans une salle d'attente de gare, lieu public
- femme qui nourrit. Mère nourricière
- cuisinière
- réceptacle (on attend que ça tombe !) ; disponibilité
- mère, grand-mère, belle-mère, vieille tante
- aucune expression dans le corps
- manque de souplesse
- bras cassé
- besoin de grande concentration
- mains fines
- personne fine et sensible
- accoucheuse, sage-femme
- grossesse, fécondation
- réflexion ou conception d'une idée
- lenteur, gestation d'une situation
- immobilité
- personne impassible ou indifférente
- personne attentive
- peu communicative
- froideur, méfiance
- personne figée
- regard inexpressif ou bovin
- passivité ou mollesse…

# L'IMPÉRATRICE

**Descriptif de l'image :**

La carte de l'Impératrice représente une femme plutôt jeune (la trentaine), aux cheveux blancs ou blonds, assise de face, dans une évidente activité, pourtant passive. Elle porte une couronne, un bouclier et un sceptre : elle semble régner. Son regard est tourné vers la droite, donc vers l'avenir. Elle peut symboliser, dans un jeu, la maîtresse, la sœur, la jeune épouse, la maîtresse de maison, l'hôtesse.

Le numéro 3 de la carte évoque la fécondité. Le 1 + 1 forme un 2 qui engendre un autre 1 pour faire un 3.

Le nom de l'Impératrice désigne une personne qui règne, souveraine d'un empire.

La couronne de l'Impératrice représente le pouvoir du mental. Sa pensée est féconde et créatrice. Le fond rouge indique le monde matériel. L'Impératrice pénètre dans l'âme des êtres. Elle représente l'éminence grise et sait communiquer, échanger et partager ses idées. Elle symbolise le courrier, les écrits, les contrats.

Elle est parée de bijoux. Elle possède une certaine classe, semble être femme du monde, femme de pouvoir (la couronne), une directrice, une excellente hôtesse ou maîtresse de maison.

La représentation du dossier de son siège paraît lui donner des « ailes ». Ses cheveux semblent soulevés par un souffle d'air. Elle a peu pied dans la matière ; elle est aérienne. Notion de purification.

Son visage est serein. Il reflète l'équilibre. L'Impératrice semble disponible. Elle peut servir de médiatrice.

La pomme d'Adam n'est visible, généralement chez une femme, que lorsqu'elle parle. Son soulignement sur son cou désigne ici les cordes vocales, le centre créateur des paroles, de la voix. L'Impératrice est donc une femme de « paroles ».

Son regard est observateur, parfois lointain puisqu'elle regarde vers la droite. Elle peut paraître prétentieuse ou hautaine vis-à-vis des gens qui l'approchent. Elle a des cernes, elle semble avoir du mal à récupérer.

Ses lèvres sont un peu pincées. En situation avec d'autres cartes, tantôt elle semble sourire de manière narquoise, tantôt elle regarde de manière inquiète. Elle observe en coin. Elle fixe toujours l'avenir (regard tourné sur la droite).

Elle possède un physique de femme nerveuse. Elle a donc tendance à s'épuiser rapidement. Elle a des cernes, semble avoir besoin de temps pour récupérer.

Elle est fine. Elle a une taille mince, des épaules étroites. Elle semble menue. Elle a cette fragilité de l'adolescence, de la femme pas encore formée, qui n'a pas eu d'enfants.

Sa tenue vestimentaire n'est pas très érotique. L'Impératrice semble très cérébrale. Elle manque donc de sensualité.

Le bouclier représente un aigle ; elle l'enserre légèrement : il peut être aisément abaissé. L'Impératrice ne semble pas le tenir fermement pour se protéger. On sent qu'on peut le lui retirer sans qu'elle s'y oppose. Cette protection lui accorde une certaine fragilité à cuirasser. L'oiseau est le symbole de l'âme ; ici il représente l'air, la légèreté.

Le sceptre évoquant le pouvoir, se termine par une sphère représentant la Terre. La croix la surmontant indique qu'une certaine spiritualité domine la Matière. L'Impératrice rappelle facilement une secrétaire de direction, une directrice, une femme d'affaires. Le sceptre, reposant sur son épaule, lui donne un sens de commandement et d'action qu'elle n'utilise pas forcément puisqu'elle le tient mollement, sachant que son autorité est naturelle : elle ne ressent pas l'utilité de s'affirmer avec. Son intelligence est supérieure. Cette femme est statique.

Elle semble avoir un stylo géant (le sceptre le simule !) pour écrire ou pour signer. Elle représente donc les contrats, les accords écrits, les mises en route de projets. Quand elle signe, elle accorde, elle valide !

Elle est assise sur un trône large qui suggère que l'Impératrice s'installe bien dans la vie.

Ses pieds sont invisibles. Elle semble être donc figée dans une condition inamovible. Un brin d'herbe en bas à gauche révèle que l'Impératrice peut être située en extérieur.

**En situation, l'Impératrice représente :**

- Une femme jeune, une femme-enfant
- la trentaine
- une femme assise
- une femme qui fait face
- une femme qui regarde vers l'avenir
- une reine, une directrice ou une femme de pouvoir
- une femme d'affaires
- une secrétaire de direction
- une sœur, une maîtresse, une épouse
- une femme de classe, une femme mondaine
- une maîtresse de maison
- une femme « dans le vent »

– une femme aux cheveux clairs
– une femme aérienne, signe d'air, femme légère
– purification
– cérébralité
– autorité naturelle
– intelligence supérieure
– femme ou situation statiques
– femme menue, fine aux épaules étroites
– fragilité
– adolescence
– femme pas encore formée, sans enfant
– femme hautaine et prétentieuse
– femme de parole
– femme qui parle
– paroles
– éminence grise
– cérébralité
– signature, validation, accord
– mise en route des projets
– femme située à l'extérieur
– femme qui s'entoure
– femme qui se protège
– fragilité
– bouclier
– lèvres pincées
– inquiétude
– sourire narquois
– elle regarde en coin, elle épie
– femme nerveuse
– femme qui se fatigue vite
– temps pour récupérer
– yeux cernés
– visage fatigué
– le courrier, les contrats, les écrits

communication, échanges

# L'EMPEREUR

**Descriptif de l'image :**

La carte de l'Empereur représente un homme barbu aux cheveux blancs, d'une quarantaine d'années, dans la force de l'âge, assis de trois-quarts offrant son visage de profil. Il porte un grand collier avec une médaille ainsi qu'un sceptre dans sa main droite. Un bouclier repose au sol, près de son siège. Il évoque un homme puissant, stable et autoritaire. Il est actif et semble réaliste. On peut le voir sous les traits d'un mari, d'un père, d'un supérieur, d'un chef, d'un directeur, d'un amant protecteur.

Le numéro 4 de la carte évoque la totalité, symbole du grand architecte de l'Univers. Quatre, c'est le carré, le cube, en analogie avec la Terre. Un cube repose sur sa base solide, stable, en bel équilibre. C'est un bâtisseur. Idée de construction, de mise en place avec volonté.

Le nom de l'Empereur désigne une personne qui règne, souverain d'un empire. L'homme est donc important.

Il porte un casque comme un guerrier (ou une couronne) dont le bord descend fortement sur l'arrière, lui protégeant ainsi la nuque qui est le siège des perceptions sensibles ou médiumniques. Il est ainsi protégé contre les effets néfastes d'une trop grande sensibilité et ne montre aucune faiblesse. Cette protection lui procure une solidité mentale. Elle empêche les coups de traître, le coup du lapin. Sa volonté ne faillit pas. Le dessin évoque les jeunes gens qui portent leur casquette, visière à l'envers!

Le visage est sanguin, l'homme semble être à la fois débonnaire et colérique. Il arbore un air paternaliste. Sa bonhomie est très présente. Il évoque un bon vivant qui peut faire des excès. L'Empereur est épicurien. Carte des problèmes de foie, d'infarctus du myocarde, d'ennuis cardio-vasculaires, d'embonpoint et de cholestérol.

C'est un homme aux épaules larges, au buste fort. Son torse semble offert, provocant. Sa poitrine est forte, imposante. On voit en lui puissance et virilité. Il impose ses volontés. Il semble être l'homme qui demeure vaillant en première ligne. Pourtant ses épaules sont basses, dans un mouvement de relâchement, comme s'il avait baissé sa garde (voir la position de ses jambes qu'il croise négligemment).

Il a moustache, barbe et cheveux blancs. La barbe signe une forte volonté et une grande virilité. Si c'est un époux, il est protecteur, parfois **rigide**, parfois dur, au caractère peu commode.

Il est présenté de profil, assis ou seulement appuyé sur le bord de son siège, prêt à se lever. Il ne s'installe pas dans une situation. Il n'accorde pas facilement sa confiance. Semble être toujours sur le qui-vive, la défensive. Il évoque le visiteur invité à prendre place mais qui ne s'incruste pas. Grande énergie. Carte de travail.

Le collier symbolise un honneur, une récompense, une palme ou un grade. Ce bijou évoque une chaînette d'or très prisée chez les hommes méditerranéens.

Son esprit paraît dominateur. Une visière ne protège pas son regard, mais sa nuque. Le regard est franc ; ses yeux sont bien ouverts, il ne sourcille pas, ne se disperse pas, fixe un point droit devant lui. Il semble être en réflexion, en méditation, ou observer directement à travers la boule du sceptre, comme dans un viseur. Il paraît viser quelque chose de précis. On peut dire qu'il est observateur (géomètre, architecte) et peu influençable. Il évalue, peut être bijoutier (grâce à sa chaîne autour du cou et du sceptre qui évoque une loupe), sinon ophtalmologiste en examen.

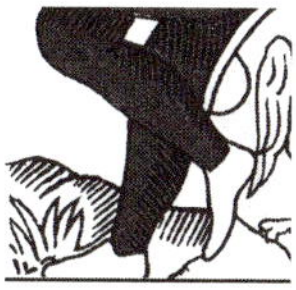

Ses jambes sont croisées à l'image d'un quatre. Il paraît prêt à intervenir car ses membres inférieurs ne sont pas véritablement entrecroisés; il semble vouloir se lever comme pour une réalisation proche.

Sa main gauche tient négligemment sa ceinture dans une impression de paix et de détente. Cette attitude, adoptée par les cow-boys, les « durs à cuire », les machos, détermine l'assurance de sa puissance. Avec sa chaîne, sa « mise en avant du Moi » et son aisance, il ressemble à un frimeur.

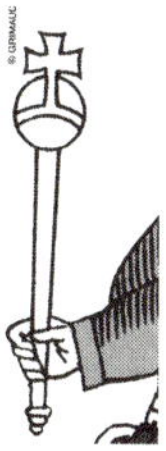

Sa main droite tient un sceptre bien droit et bien fermement. Il affirme ainsi son pouvoir. Il n'y a aucune ambiguïté chez ce personnage.

Son sceptre, semblable à celui de l'Impératrice, évoque le pouvoir créateur pouvant manifester son pouvoir sur la matière puisqu'il se termine par une sphère représentant la Terre. La croix qui le surmonte indique que la spiritualité doit dominer la matière.

Le sceptre, tenu bien verticalement (symbole phallique dans toute sa splendeur), lui donne un sens de commandement et d'action. Son bras n'a pas d'appui; il fait donc un effort pour porter cet objet, d'où: poigne, résistance et endurance. L'Empereur évoque facilement un directeur, un autodidacte, un indépendant, une profession libérale ou un homme d'affaires. Carte de sexualité puissante. On peut dire que cet homme « désire ». Il réalise les choses et ne lâche pas prise.

Le bouclier représente un aigle de couleur jaune. Il est posé à terre ce qui veut dire que l'Empereur est sûr de lui, certain de son pouvoir, qu'il ne craint rien et n'a pas besoin de véritable protection.

L'oiseau est le symbole de l'âme; ici il représente l'air, la légèreté. Il a les ailes déployées, ce qui lui permet de s'élever.

Ses chaussures sont blanches. Il a un pied bien à plat sur le sol. Il reste donc en contact essentiel et direct avec la nature. puisque on aperçoit le sol en extérieur. Il a bien les pieds sur terre. Il semble être en chaussettes, comme un homme qui se déchausse à son bureau, qui ôte ses chaussures quand il rentre chez lui pour marcher pieds nus. Problème de pieds gonflés.

**En situation, l'Empereur représente :**

- Un homme de 40 ans, dans la force de l'âge
- un moustachu ou un barbu
- un homme viril
- un homme fort
- un guerrier
- un militaire
- un sportif après l'effort
- un homme solide
- un homme protégé
- un sanguin
- un bon vivant
- maladie cardio-vasculaire, infarctus du myocarde
- problèmes hépatiques et embonpoint
- un homme débonnaire
- un colérique
- un dominateur
- homme aux larges épaules
- homme vaillant et courageux
- franchise
- lucidité
- concentration
- géomètre, architecte
- bâtisseur, promoteur

– homme qui évalue
– ophtalmologiste
– bijoutier
– un self-made man, un autodidacte
– profession libérale
– puissance du désir
– désir sexuel
– virilité
– stabilité
– homme de poigne
– une décoration, honneurs
– volonté
– un homme déchaussé ou en ballerines
– fragilité des pieds
– les pieds sur terre, réalisme
– un homme sur le qui-vive
– un homme prêt à intervenir
– réalisation proche
– aucune ambiguïté
– méfiance, n'accorde pas facilement sa confiance
– un homme sur la défensive
– grande énergie
– le travail
– un boss, un supérieur
– chef d'entreprise
– homme d'affaires
– un gouverneur
– un époux, un père
– homme téméraire
– un protecteur
– rigidité
– dureté
– caractère dur
– un « dur à cuire », un macho
– un méditerranéen
– un frimeur

# LE PAPE

**Descriptif de l'image :**

La carte du Pape représente un homme âgé, (la soixantaine), barbu et moustachu, aux longs cheveux blancs, d'une grande sagesse, sur un trône. Il inspire la confiance, le respect. Il se présente assis presque de face devant deux personnages agenouillés face à lui. (Au total, on compte trois personnes). Il semble les bénir ou leur transmettre des principes spirituels. Dans un jeu, il est le père spirituel, le conseiller, le guide, le guérisseur, un enseignant ou une personne qui connaît l'histoire, voire un historien. Affiche une certaine expérience.

Le numéro 5 de la carte évoque l'action qui se situe au-dessus de la matière représentée par le quatre (1+4). Le nombre cinq, c'est aussi 2+1+2, comme un médiateur actif (le 1) entre deux représentants du monde matériel (les deux 2).

Le nom de Pape désigne un chef suprême qui règne sur l'Èglise catholique romaine mais c'est aussi un chef dont l'autorité est indiscutée. Homme religieux.

Contrairement à l'Empereur, le Pape semble être dégagé de la matière, un peu « absent », aborder un air de timidité, de réserve. Calme, il regarde au loin, l'horizon… son regard se perd. Son regard est bienveillant, miséricordieux. Il est généreux et plein d'amour. Il arbore une certaine méditation. Il semble s'inspirer et réfléchir. Carte de concentration.

Sa barbe et ses cheveux blancs témoignent de sa respectabilité. Son visage semble serein. Il paraît bon, pacifique, apaisant et humble.

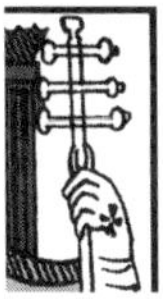

Il tient une croix d'or à trois branches (évoquant la crosse des Èvêques). Elle remémore le trident de Neptune, planète maîtresse des Poissons, signe à tendance mystique tout comme le Pape peut l'être ici.

Il porte une tiare sertie de pierres précieuses, identique à la Papesse. D'après sa disposition, on pourrait penser qu'il donne une bénédiction ou qu'il marie des gens… cette carte a un symbole de légalité.

Deux piliers bleus sont dressés derrière lui jusqu'à la hauteur de sa tête et l'encadrent ou le maintiennent solidement, comme une minerve ou deux attelles qui lui tiennent la tête droite. Ils forment une limite ou une entrée, un « passage ».

Il porte un manteau rouge avec un galon d'or, fermé par un médaillon au col. Sort son bras droit de dessous son manteau, avec deux doigts levés, qui montrent la voie du cœur. Cardiologue.

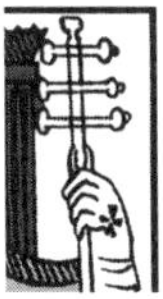

Sa main gauche, tenant une croix, est recouverte d'un gant. Sa main droite bénit ou unit les deux êtres qui sont au premier plan, indique une direction, et le Pape devient alors conseiller, conciliateur. Cette lame est un symbole de légalité ou de vocation. Le Pape guide ces deux personnages. On peut voir en lui un réceptionniste, un guide… un orientateur.

Il parle en public, semble avoir une puissance sur son entourage, tel un guru, un professeur, un conférencier, un initiateur. Carte de persuasion.

Les deux petits personnages – symbolisant notre dualisme, le bien et le mal – sont de dos, assis ou à genoux devant lui, tels des enfants à qui le Pape transmet des choses, révèle une sagesse, les éveille spirituellement. Carte de vocation. Les deux quidams (avec tonsure et couronne de cheveux) se différencient par la position de leurs bras. Un en haut, l'autre en bas. Ils sont de dos, en sens inverse de la marche du Pape ; on peut penser qu'ils ont été soudainement interceptés dans leur marche ou action, soit par soumission ou par attention. Le Pape indique une orientation inverse à leur avancée. Et si ces jeunes gens le contredisent, il semble ne pas leur en tenir rigueur mais les remettre gentiment dans le droit chemin. Il est conciliant et protecteur.

On peut présumer que cet homme rend justice. On a recours à lui pour résoudre un problème, par exemple, ou régler une affaire à l'amiable.

On suppose qu'il parle doucement et cette carte peut représenter une baisse de vue ou de l'ouïe (c'est un vieillard). Il a la tête rentrée dans les épaules. Il a l'air las.

Il peut être le thérapeute à la bonne hygiène de vie. Par la position de ses mains, on le présume magnétiseur, guérisseur (imposition des mains). Il écoute les autres, est psychologue.

La main droite du personnage de gauche, orientée vers le bas, évoque une certaine soumission.

La main gauche du personnage de droite semble marchander ou controverser, voire discutailler la parole du Pape.

**En situation, le Pape représente :**

- un vieillard
- un homme âgé et deux enfants
- une situation entre 3 personnages

- un homme de soixante ans
- un chevelu et barbu, moustachu
- un homme assis
- un sage
- la vérité
- un être bienveillant, calme et serein
- la lenteur, le temps qui passe
- un homme d'expérience
- un homme de confiance
- le respect
- un religieux
- signe des Poissons (mystique et trident)
- un agent de police
- un maire, la légalité
- un curé, l'officialité
- la cérémonie
- homme généreux
- la vocation, le bénévolat
- un professeur, un enseignant
- un conférencier
- un initiateur, un guru
- la persuasion en douceur
- le conseil, une orientation
- deux apprentis
- des scouts, des louveteaux
- des fans, des adorateurs
- la protection
- la conciliation
- l'interception
- un guide, un orientateur
- un réceptionniste
- voix douce et lente
- vue ou ouïe qui baissent
- le prud'homme, le médiateur
- minerve ou attelle
- un médecin qui ausculte

- un cardiologue
- un thérapeute, un psychologue
- le magnétiseur, le guérisseur
- réserve et timidité
- la méditation, la réflexion, la concentration…

# L'AMOUREUX

**Descriptif de l'image :**

La carte de L'Amoureux représente un angelot tourné vers la droite, vers l'avenir, visant de son arc un groupe de personnes en pleine discussion. Deux femmes, de profil, avec une différence d'âge entourent un jeune homme blond présenté de face avec la tête inclinée vers la gauche qui semble décider d'un choix après une certaine réflexion. Carte de dualité ou d'hésitations. La scène évoque un rendez-vous, une réunion, une présentation, une tierce personne qui intervient ou qui sème le trouble. Rappelle le racolage ou la séduction.

Le numéro 6 de la carte évoque la multiplication du 2 par le 3. L'attraction est multiple. Six est le nombre qui se rattache à l'épreuve et ici, il retourne de la loi des contraires.

Le nom de L'Amoureux désigne l'amour physique. La carte implique la rencontre, la liaison, le mariage. On peut aussi penser aux associations. La planète représentée ici peut être Vénus.

Voici un entretien de trois personnages ou, plus succinctement, de plusieurs personnes, d'âge et de sexe différents. Ils semblent polémiquer, se confronter, dans une discussion animée (les rayons entourant l'angelot apportent des vibrations comme, par exemple, de l'électricité dans l'air...). Cette lame véhicule une certaine confusion. Pour parler d'une période, on peut parler de période de rencontres. Les individus sont en extérieur ; le débat ou la rencontre peuvent se produire dans la rue.

Les êtres en présence se touchent. (Notion de circulation d'énergie, ou de circulation d'un être à l'autre). Il y a contact physique, une certaine intimité. Les individus emploient les gestes pour susciter ou retenir l'attention des autres. Carte d'affinités, d'amitié.

Cette carte peut représenter un jeune homme ou une personne jeune, plutôt immature. Les individus semblent être de mœurs libres. Planètes : Vénus ou Mercure.

Aucun regard ou attitude ne franchit les limites de la carte. Les personnages restent dans leur ensemble, dans leur relation triangulaire. Aucun individu ne regarde en face. Il est tout de même possible de « rentrer dans cette carte » : il y a une ouverture, une invitation à la discussion.

Les créatures sont animées, non figées. Le personnage central semble être celui qui est sollicité et seule sa tête semble pouvoir se mouvoir d'un côté à l'autre, un peu comme un automate. Cette carte n'est pas vraiment dynamique.

Il y a deux niveaux de dessin ; les personnages occupent la moitié de la carte. Cela les rend un peu lointains pour un observateur ou les transpose dans un second plan. On peut y voir un groupe de personnes bavardant au loin. L'homme est aussi grand que les deux femmes. Dans un plan supérieur, il y a un nuage, comme s'ils avaient au-dessus d'eux, une charge, un poids, même léger.

L'angelot, ou l'archer sortant de son nuage rayonnant, représente l'étincelle. Une grande inspiration comme venant « d'en haut » ressort de cette carte. Elle peut inspirer un artiste. C'est aussi l'amour qui darde ses rayons. L'angelot s'envole aisément vers l'amour mystique. Tourné vers la droite, il s'oriente vers l'avenir. C'est un facteur d'évolution. Il semble viser quelque chose d'imprécis comme pour séparer ou toucher de sa grâce les personnages. Il est entouré de rayons colorés qui semblent lui allouer une lumière supplémentaire. Cette carte semble ainsi très vibratoire.

Le nuage et ses rayons dessinent une force qui s'échappe du centre et qui éclate dans toutes les directions. Une dispersion ressort de cette carte. Lame d'illusions.

La flèche, ou l'aiguillon du désir, provoque une étincelle. Carte de la tentation. On discerne dans cette carte un certain rythme. La flèche de l'archer indique le milieu des choses, comme un baromètre. Sur trois choses, l'archer cible celle du milieu ; la flèche coupe la carte en deux parties. D'où une notion de moitié.

On peut dire aussi, de l'Amoureux, qu'il réunit les éléments, fait un pont ou fait le lien.

L'homme semble recevoir des deux femmes une double proposition. Deux femmes peuvent aussi se disputer le même homme. Lui, est vraiment soumis à toutes les attractions. Cette lame reflète l'anxiété ou l'incertitude ; on pense facilement au conflit amoureux ou au conflit interne de l'homme devant un choix. Le choix entraîne systématiquement une notion de sacrifice. Carte d'hésitation.

Le jeune homme en tunique bayadère a des yeux souriants et les sourcils surélevés. Il n'a l'air, ni contrarié, ni contrariant, mais absorbé. Il semble prisonnier de sa situation de laquelle il ne peut sortir tellement il est accaparé par les deux femmes et par « l'épée de Damoclès » qui pèse au-dessus de sa tête ». Innocence et spontanéité se retrouvent dans ce personnage sincère et assez enfantin. Sa main posée sur sa ceinture dénote une certaine stabilité, une assurance, une force. Il puise sa force dans le lien (la ceinture).

Ses jambes et ses pieds sont nus (contact avec la nature), bien posés en équerre sur le sol, manifestant une intelligence solide. Le sol est jaune et ondulé.

Les deux femmes sont d'âges différents. Cela pourrait évoquer la mère et la fille, ou un homme qui hésite entre deux femmes (la tentatrice et légère, la sage et posée). Il se disperse, ne sait où « donner de la tête ». Évocation d'une croisée des chemins, d'une bifurcation, sur un plan plus général.

La femme de gauche évoque la polarité sexuelle puisqu'elle pose une main sur l'épaule de l'homme et une autre main à la hauteur de son sexe. Cette femme a des cheveux foncés et semble plus âgée ; son visage est sévère, tourmenté, dominateur. Elle cherche à retenir ou à attirer l'homme à elle. Elle est énergique.

La femme de droite évoque l'amour spirituel et l'amour noble et romanesque. Elle pose sa main gauche sur le cœur de l'homme pour montrer la source de son amour – elle peut également attirer l'attention sur un problème cardio-vasculaire. Son visage est serein. Elle semble n'exercer aucune pression sur l'homme. Les cheveux sont longs et blonds, la femme semble jeune et belle. Elle incarne la douceur.

**En situation, l'Amoureux représente :**

– Un rendez-vous
– une présentation
– un entretien
– une rencontre de plusieurs personnes
– une discussion animée
– une situation compliquée
– une prise de tête, une polémique
– l'épée de Damoclès
– une période de rencontres
– le mois de mai, juin
– une circulation d'énergie
– un contact physique
– le racolage
– la prostitution

- l'ambiguïté sexuelle
- l'amitié ou les affinités
- l'amour
- le flirt
- l'instabilité, le côté éphémère des choses
- la légèreté ou mœurs libres
- un conflit amoureux, un conflit interne
- l'hésitation
- le sacrifice
- une personne jeune
- l'immaturité
- la sollicitation
- l'étincelle
- l'être prisonnier d'une situation
- un enfermement
- la relation triangulaire
- un agitateur, un intervenant, une tierce personne
- la liaison, l'association
- une invitation
- quelqu'un qui sépare
- ne plus savoir où donner de la tête
- une double proposition
- inspiration, grâce
- la beauté, l'art, la mode
- la moitié des choses, le partage
- deux femmes d'âges différents
- une présentation, une introduction, un attaché de presse
- la tentation
- le sacrifice
- la croisée des chemins, le choix à faire, la bifurcation
- la dispersion
- le pont
- le lien
- le cœur ou système cardio-vasculaire.

# LE CHARIOT

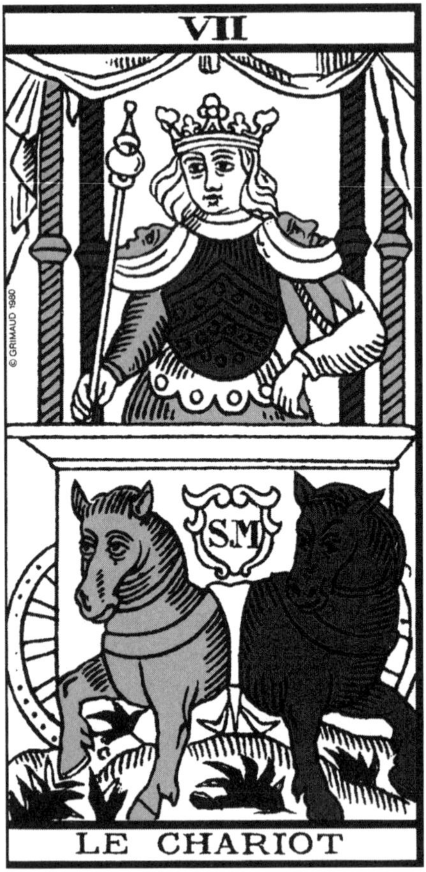


**Descriptif de l'image :**

LA CARTE DU CHARIOT représente un homme jeune (la trentaine), couronné, se présentant de face, aux cheveux blonds, tenant un sceptre et conduisant un char tiré par deux chevaux. La carte est massive, un vrai bloc. L'action représentée par la carte est directe (tout est en mouvement frontal). La planète suggérée ici peut être Mars.

LE NUMÉRO 7 DE LA CARTE évoque les sept couleurs, les sept notes de la gamme. Le chiffre est impair et dénote une activité, le triomphe.

LE NOM DE CHARIOT désigne un véhicule physique, une mise en action, une mise en route. C'est le départ ou l'arrivée. Le Chariot symbolise une obligation de mouvement continuel, une mise en route de quelque chose. La carte annonce un but proche, la victoire ou le succès assurés.

L'homme porte une couronne royale et le pouvoir, l'autorité qu'elle représente est assurément aussi éphémère ou instable que peut l'être une royauté, le pouvoir royal étant établi dans le règne et dans l'instant. L'homme triomphe dans son action et cette lame peut engendrer la réussite, la célébrité.

Le visage de l'homme est souriant, plutôt heureux, sûr de lui. Carte de conquête. Cette lame est une des plus favorables du tarot. Son ardeur semble enthousiaste et confiante pour poursuivre ses ambitions.

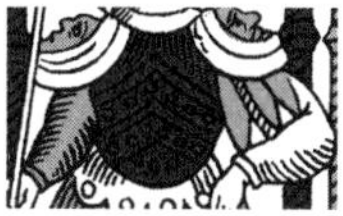

C'est un guerrier, il a une armure qui le protège. Il a des épaulettes représentant des croissants de lune, deux profils à l'horizontal ; le personnage fonctionne ici sur le mode lunaire, donc dans l'instabilité. Les courses de char aussi se déroulaient en public. Notions de défi et de compétition. Course hippique, trot attelé, sulky.

Le conducteur ne conduit pas cet attelage, ne tient pas de rênes – sa main gauche repose sur sa hanche – et les chevaux paraissent toutefois lui obéir, ce qui dénote la supériorité de l'esprit sur les instincts. Il semble maîtriser les événements, être sûr de son chemin. Lame d'activité. L'homme triomphe dans son action (il est en hauteur). Il n'est pas vraiment enfermé dans son véhicule duquel il peut s'échapper à travers les piliers, et le dais qui abrite du ciel peut s'ôter aisément.

On ne voit que le buste du personnage, comme s'il se trouvait dans une chaire, sur une scène ou dans une tribune, prenant la parole devant public dont il fait la conquête. La carte peut représenter un artiste, un homme politique, un comédien. On l'imagine s'agiter dans un téléviseur, un écran, un théâtre, derrière un guichet ou un comptoir. Les réalisateurs de cinéma travaillent aussi sur un chariot. Carte d'audiovisuel.

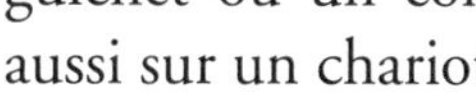

La corniche jaune qui sépare le véhicule de l'être humain scinde la carte en deux parties à l'image de deux cubes superposés, donne une assise à la construction et répartit les forces du haut et du bas ; ce schéma enracine la signification de la carte dans le contact avec la réalité. On peut voir là une correspondance avec l'image du Centaure et la symbolique du Sagittaire, d'autant plus que l'homme pose sa main sur sa hanche, pareillement en analogie physiologique avec le signe du Sagittaire.

Le dais ou le baldaquin simule l'homme en action dans un lit, d'autant plus que le sceptre qu'il tient dans la main est phallique. On voit dans cette carte la notion de don juanisme, de conquête instable et répétée ; le pouvoir phallique est plus faible que celui de l'Empereur.

Le chariot annonce l'activité incessante de la carte. L'homme est enfermé dans cette activité comme dans une passion dont il peut à tout instant s'évader puisque les piliers sont assez distants pour qu'il puisse s'échapper. Le voile du baldaquin est léger, il peut rapidement être ôté. Le mouvement entraînant du Chariot empêche la réflexion bien que l'homme semble pourtant assez passif, voire disponible dans ce véhicule. Carte de spontanéité. Elle active les réalisations.

Le Chariot symbolise les voyages et les déplacements, les changements géographiques. Il annonce le mouvement incessant et la lame représente ici un déménagement, le transport, les véhicules, le tourisme... Le conducteur peut être routier comme cariste. Les roues représentent les cycles de vie avec lesquels l'homme est obligé d'avancer. Si le véhicule choisi est inadapté ou en mauvais état, si la construction de sa vie est branlante, bancale, l'être a du mal à avancer.

Les chevaux ont les sabots levés comme s'ils trottaient. Ils semblent tirer l'homme dans deux directions différentes ; toutefois, leurs regards, comme celui du conducteur, visent la même direction.

L'herbe est verte, symbole d'espérance. Le sol sur lequel roule le chariot est fertile.

**En situation, le Chariot représente :**

- un homme jeune (la trentaine)
- un homme blond
- un séducteur

– un mouvement
– un conducteur, un pilote, un sportif
– un représentant de commerce
– un indépendant, quelqu'un qui se dirige lui-même
– un jeune loup aux dents longues, un carriériste
– un opportuniste
– un guerrier, un militaire (l'artillerie)
– un don Juan
– le départ ou l'arrivée
– une mise en route ou en action
– l'instabilité
– un but proche
– un succès assuré, la victoire
– la voiture
– le déplacement ou le voyage
– le déménagement
– l'audiovisuel, la télévision, le cinéma
– le théâtre, un comédien
– un homme politique
– une chaire ou une tribune
– un homme conquérant un public, la célébrité
– un réalisateur de cinéma, un guichetier
– un homme derrière un guichet ou un comptoir
– un cariste ou un routier
– le tourisme, le voyage, le transport
– le défi, la compétition
– le lit (à dais ou à baldaquin)
– l'amour physique
– la conquête amoureuse
– l'aventure
– le Sagittaire
– la planète Mars
– la hanche
– un buggy, une voiture décapotable
– un garagiste ou un mécanicien
– la spontanéité

- l'indépendance
- le progrès
- la rapidité
- les chevaux, les courses de sulky, le tiercé

# LA JUSTICE

**Descriptif de l'image :**

LA CARTE DE LA JUSTICE représente une femme ronde, la quarantaine, bien assise de face, sur un solide trône jaune, tenant une épée dans sa main droite et une balance dans sa main gauche ; elle implique ainsi une action directe et assurée.

LE NUMÉRO 8 DE LA CARTE évoque l'équilibre matériel (2 x 4). Il est le symbole de l'infini puisque sa représentation graphique n'a ni commencement ni fin : on peut éternellement parcourir les courbes de la ligne qui forme le 8.

LE NOM DE LA JUSTICE désigne une juste appréciation, une reconnaissance et un respect des droits et du mérite de chacun (*Petit Robert*), mais définit aussi un exercice de pouvoir de faire régner le droit. Elle nous rappelle le métier d'huissier, d'avocat, de juge... Comme son nom l'indique, cette carte sortie dans un jeu peut symboliser un possible contact avec la justice, représenter un divorce ou un procès. Cette carte est un principe de rigueur.

La coiffure, le casque de cette femme, l'enserre considérablement, comme pour la protéger des influences extérieures et éviter que des pensées autres que les siennes ne viennent la perturber lorsqu'elle doit juger. On a l'impression qu'elle porte un poids sur sa tête, à l'instar de la lourde responsabilité qui lui est conférée. La couronne d'or, surmontant le casque, détermine une souveraineté existante. Pouvoir de décision.

L'œil, sur le casque, symbolisé par le joyau central affirme la droiture du personnage ; il est l'œil auquel rien ne peut échapper. Le personnage est honnête, raisonné et vertueux. Avec cette lame, tout est clair, transparent.

Son visage est stoïque, presque figé. On ressent une certaine sécheresse et froideur dans cette carte. Cette femme peut être sévère et sans pitié. La bonhomie de son visage dénote malgré tout une certaine mansuétude cachée sous son apparente rigueur. Ses cheveux clairs sont longs et ondulés.

Son regard est fixe, sans émotion, comme abattu. La Justice évalue avec justesse en sachant faire la part des choses. Cette femme semble inflexible. Elle a l'air blasée, fatiguée, sans ressort. Ses yeux sont cernés. Ses paupières semblent mi-closes. On pourrait la dire indifférente. On pense à ces personnes qui regardent dans le vide, tels ces malades qui n'ont plus la force de réagir.

Ses épaules sont basses ; sa rondeur révèle une certaine générosité, la femme adoucit ses sentences. Elle sait faire preuve d'indulgence. Cette femme représente une forte femme, forte personnalité et forte corpulence. Carte d'embonpoint. On imagine une femme absorbée par la télévision, se gavant (ses joues bouffies) de douceurs contenues dans deux coupelles placées devant elle (les plateaux de la balance !). Sous sa robe, son estomac paraît proéminent.

Le collier, torsadé telle une corde, témoigne de l'enchaînement à son engagement. La femme est coquette, elle aime les bijoux massifs, lourds. Le collier pèse sur son encolure.

Ses vêtements, notamment son manteau, paraissent être lourds. Grande notion de poids (tout pèse) et de lourdeur dans cette carte.

Le dossier du trône ressemble à des volets clos ou à une porte battante de bar (film américain). Ainsi gardienne de l'entrée, elle nous rappelle les vigiles, les portiers ou agents de sécurité. À leur image, cette femme se montre impénétrable, inaccessible, enfermée dans son intégrité.

La balance représente le pouvoir de peser, d'examiner, de jauger, donc de juger l'homme. L'instrument est dans un équilibre parfait mais les plateaux sont vides. Avec cette balance, la Justice délivre son verdict. La balance est un symbole d'équilibre et de prudence. Elle remémore le signe_astrologique de la Balance qui lui-même évoque le mariage, le contrat. Cette carte représente aussi l'association, l'union, le conjoint.

L'épée est tenue bien verticalement par la main droite ; elle est placée contre le bord du dossier, le pommeau reposant sur un genou de la femme qui semble alors impitoyable ; le glaive représente le pouvoir de châtier l'homme. Elle impose une sanction. Pouvoir de trancher.

Les pieds sont invisibles. La femme est dans une position d'immobilité.

**En situation, a Justice représente :**

- une femme ronde
- la quarantaine
- une femme bien assise
- une épée
- une balance
- une action directe
- l'équilibre matériel
- une juste appréciation
- le respect des lois

– le mérite
– un exercice de pouvoir
– le droit
– huissier, avocat ou juge
– un contact avec la justice
– un divorce
– un procès
– la rigueur
– la protection
– une lourde responsabilité
– un pouvoir de décision
– la droiture du personnage
– honnêteté, raison et vertu
– clarté, transparence
– visage stoïque, figé
– sécheresse, froideur
– sévérité
– être sans pitié
– bonhomie
– mansuétude
– cheveux clairs, longs, ondulés
– regard fixe
– aucune émotion
– abattement
– évaluation
– justesse
– faire la part des choses
– inflexibilité
– air blasé, fatigué
– être sans ressort
– yeux cernés
– indifférence
– regard vide
– absence de réaction
– rondeurs, embonpoint
– générosité

– indulgence
– forte personnalité
– forte corpulence
– être absorbé par la télévision
– se gaver
– joues bouffies
– un engagement
– femme coquette
– bijoux massifs
– notion de poids
– « tout pèse »
– lourdeur
– des volets clos
– une gardienne d'immeuble
– vigile, portier ou agent de sécurité
– femme impénétrable, inaccessible
– intégrité
– peser, examiner, jauger
– juger
– le verdict
– l'équilibre
– la prudence
– signe astrologique de la Balance
– le mariage, le contrat
– l'association, l'union
– le conjoint
– le pouvoir de châtier
– la sanction
– trancher
– immobilité

## L'HERMITE

**Descriptif de l'image :**

LA CARTE DE L'HERMITE représente un homme debout, de profil, avec son visage tourné presque de face, grand, assez robuste, barbu et âgé, tel un vieillard aux cheveux longs et la tête nue, vêtu d'une robe de moine et enveloppé dans un grand manteau à capuchon, tenant dans sa main gauche un bâton et dans sa main droite une lanterne qu'il élève à la hauteur de ses yeux. Il est debout, donc actif, et semble avancer avec prudence. L'Hermite occupe presque toute la surface de la carte, tel un bloc : il peut représenter un frein, un retard, un obstacle qui se dresse ou un blocage.

LE NUMÉRO 9 DE LA CARTE évoque La Trinité multipliée par elle-même (3 x 3), ou encore, 9 décomposé en 3 + 3 + 3 qui devient l'expression équilibrée du ternaire. 9 est le nombre typique de la connaissance qui exprime l'initiation et l'hermétisme. Lame de vocation.

LE NOM DE L'ERMITE (orthographié sans « h ») désigne un sage retiré dans un lieu désert, vivant seul et reclus. L'Hermite symbolise les personnes âgées (ils ont sagesse et expérience), ou la recherche, la science. Cette carte représente la solitude, le célibat, l'ascèse, l'abstinence.

Ses rides se sont creusées à force de réfléchir ou de tenter de discerner dans l'obscurité. Elles peuvent encore témoigner d'une certaine rigidité et sévérité. Son grand âge le situe en analogie avec le signe astrologique du Capricorne (fin décembre, début janvier) ou de la planète Saturne et peut représenter le froid et l'hiver. La carte de l'Hermite rappelle la fin d'année, temps qui passe et peut figurer un grand-père, un aîné, un doyen, un retraité, un homme veuf.

Son regard est lointain. Il regarde vers sa droite, mais dans un jeu déployé, son regard est tourné vers la gauche et éclaire les cartes qui le précèdent, c'est-à-dire le passé. Ils semble avoir une certaine sérénité intérieure. L'Hermite médite ; il est savant ou philosophe.

Sa gestuelle fait penser à un prêtre qui balaie l'église de sa coupelle pour y diffuser de l'encens. Notion de purification.

La lanterne jaune a une face rouge, elle démontre qu'en son intérieur brûle une flamme incandescente ; la recherche intérieure de cet homme est active. La lumière qui s'en diffuse nécessite d'être à demi voilée par le manteau car elle ne doit pas éclairer vivement, la lumière devant surtout venir d'en lui-même. D'ailleurs, la manche de son manteau absorbe la lueur qui se centralise donc sur ce que l'homme cherche à pénétrer. La carte introduit un apport de lumière venant dévoiler ou résoudre un quelconque problème. Psychanalyste, psychiatre. Elle apporte une solution. La lanterne, tel un phare, voire une balise, symbolise un guide. Avec sa lanterne, il peut évoquer les gens qui travaillent la nuit ou dans l'obscurité, comme un mineur ou un spéléologue.

Le manteau cache, dissimule, témoignage d'une certaine passivité, réceptivité. La lame évoque la nuit, l'obscurité. Cette lame peut aussi symboliser le secret qui est gardé, une information retenue, une période d'étude, d'attente, le conservatisme, le conformisme, le retour aux traditions. Cet homme fait des études sur son passé, ses origines; il peut être généalogiste, généticien. On peut ici parler de lignée, de descendance. Historien, archéologue.

Le capuchon permet à l'Hermite de recouvrir sa tête pour se dissimuler; il a la possibilité de se dévoiler facilement puisqu'une capuche est amovible.

Le bâton indique que l'homme reste en contact avec les forces telluriques et établit des attaches avec le plan physique. Il relie l'homme à la terre ferme. Il peut être sourcier, radiesthésiste. L'Hermite ne s'appuie pas sur le bâton bien que celui-ci évoque ici que la route à faire est difficultueuse et longue à gravir – on suppose ici un chemin pentu, à l'image des randonneurs (ou des alpinistes) qui s'accompagnent d'un bâton pour se soulager –, il s'aidera d'un appui appartenant au monde physique. L'arcane VIIII évoque la lenteur. Le bâton ondule comme un serpent.

**En situation, l'Hermite représente :**

- un homme debout
- un homme grand
- un homme assez robuste
- un homme âgé, un vieillard
- un barbu
- un homme chevelu
- un moine
- un manteau à capuche
- un bâton
- une lanterne
- la hauteur des yeux
- avancer avec prudence
- un bloc
- un frein, un retard
- un obstacle qui se dresse
- un blocage.
- la connaissance

– l'initiation
– l'hermétisme
– la vocation
– un homme isolé
– un sage
– le désert
– un homme seul, le célibat
– vivre reclus
– les personnes âgées
– la sagesse
– l'expérience
– la recherche, la science
– la solitude
– l'ascèse, l'abstinence
– un homme ridé
– réfléchir
– discerner
– la rigidité, la sévérité
– le Capricorne
– fin décembre, début janvier
– Saturne
– le froid, l'hiver
– la fin d'année
– le temps qui passe
– un grand-père, un doyen, un retraité, un homme veuf
– un aîné
– le regard est lointain
– le passé
– sérénité intérieure
– méditer
– un savant
– un philosophe
– un prêtre
– diffusion d'encens
– purification
– une flamme intérieure incandescente

- un apport de lumière
- dévoiler
- résoudre un problème
- psychanalyste, psychiatre
- une solution
- un phare, une balise
- un guide
- travailler la nuit
- travailler dans l'obscurité
- un mineur, un spéléologue
- cacher, dissimuler
- passivité, réceptivité
- la nuit, l'obscurité
- le secret gardé
- une information retenue
- une période d'étude, d'attente
- le conservatisme
- le conformisme
- retour aux sources
- traditionalisme
- études sur le passé
- un historien
- un archéologue
- étude sur ses origines
- généalogiste, généticien
- la lignée, la descendance
- dissimuler
- contact avec les forces telluriques
- sourcier, radiesthésiste
- la route à faire est difficultueuse
- un chemin pentu
- un randonneur
- un alpiniste
- prendre un appui
- la lenteur
- un serpent

# LA ROUE DE FORTUNE

**Descriptif de l'image :**

La carte de La Roue de Fortune est très aérée et représente une roue, vue de biais, à six rayons, avec une longue manivelle et appuyée sur un socle à deux pieds. Deux animaux y sont attachés tandis qu'un troisième, couronné et ailé, tenant une épée, trône sur une plateforme en son sommet. L'un monte, un autre trône, tandis que le dernier descend. Carte qui matérialise un enchaînement des choses et des saisons, un travail saisonnier, un horloger, un astrologue ou une personne qui travaille avec ou sur les cycles du temps.

Le numéro 10 de la carte évoque le retour à l'unité (le 1 accompagné du 0), l'achèvement d'un cycle.

Le nom de La Roue de Fortune désigne un mouvement, une bonne évolution, la roue de la destinée, la roue de la chance. Elle commande les cycles et les changements. Elle a tout pour évoquer la planète Mercure ou l'instabilité chez un individu. Le mot « roue de fortune » évoque à lui seul un déplacement (roue) financier (fortune) ou des échanges financiers.

En considérant bien le graphisme de cette lame, on peut y voir évoqué la boule du loto ou du bingo, donc par extension, le jeu, la bourse, le casino ou la roulette, la chance (ou la malchance selon son environnement). Carte d'imprévoyance, d'insouciance ou de dispersion.

Par sa faculté à tourner, la roue symbolise une certaine rapidité. Avec elle, on peut aussi « tourner en rond ». Carte de névrose obsessionnelle. Rabâcher, ressasser. « La roue tourne », carte d'amélioration, de changement.

Le centre de la carte est le moyeu, le centre de la roue : carte qui évoque le centre des choses, le cœur, le soleil, l'endroit d'où provient l'énergie ; le rayonnement intensifie cette impression de « centre » des choses ou de « recentrer » les choses. Les rayons, au nombre de six, présentent des directions différentes.

La roue figure la grande roue des fêtes foraines, le tour de manège, le moulin à vent, notion de jeu, de roulement, de mécanisme. Spirale ou tourniquet. La roue évoque aussi les engrenages, les poulies, les volants, les moulinets. On pense ici aux machines et aux métiers de mécanique. Savoir-faire et dextérité sont ici suscités.

La manivelle symbolise le libre arbitre puisque l'on peut ou non l'actionner ; ainsi la roue ne peut tourner sans l'action de l'homme. Carte de mouvement, donc d'activité.

Les animaux, par leur position, forment une Trinité, trois choses, trois faits, trois occasions, trois possibilités… et symbolisent les aspects de notre vie qui nous échappent, comme le hasard, la bonne ou mauvaise fortune, le bon ou le mauvais sort. Leur position évoque la loi de la vie, naître pour culminer et disparaître. Il s'agit là de la loi de l'évolution. Leur situation remémore les hauts et les bas de la destinée. *Fortuna* en latin signifie destin. Un certain instinct animal se dégage de cette carte. Suite d'événements ou activité débordante. Un entraînement.

Si l'on observe la métamorphose des animaux sur la roue, on perçoit un phénomène de transformation ou d'évolution. Cette carte évoque aussi les retournements de situation.

L'animal de droite s'élève vers la lumière en regardant le ciel et semble se sortir d'une impasse (il se dégage la tête ici encerclée) et l'on pense, en l'observant, au chien qui tente de se dégager de son collier et de sa laisse. La carte laisse alors supposer que l'individu se dégage d'une servitude dont il est l'esclave. On peut penser aussi à un malentendant, à une personne qui ne veut rien entendre ou à quelqu'un qui se bouche les oreilles. L'animal paraît naître, sortir de l'utérus.

Au sommet, l'animal semble culminer, être au sommet de sa gloire, c'est le sphinx qui préside à la vie. La couronne lui attribue une certaine puissance. Ses jugements sont sûrs. L'épée a pouvoir de sanctionner, mais elle est placée dans sa main gauche et détermine sa passivité; sa lame blanche indique une certaine neutralité. Ses ailes sont déployées, il s'affirme, se meut avec activité et passion. La plate-forme sur laquelle il se perche, freine ou bloque la roue en fonction de la charge qui lui est imposée.

L'animal de gauche, vieilli, ne semble pas se laisser aller à la descente sur la roue vers la terre, réticent à cette culbute vers les ténèbres: il relève la tête, freine le mouvement de la roue; cela dénote une certaine résistance à la chute. D'où phénomène d'involution.

La rotation de ces trois animaux sur cette roue révèle la notion de naître, s'épanouir et mourir.

**En situation, la Roue de Fortune représente :**

- l'enchaînement des choses
- enchaînement des saisons
- un saisonnier
- un horloger
- un astrologue
- évolution, involution
- les changements
- planète Mercure
- instabilité
- imprévoyance
- spontanéité
- aléas du destin, des hauts et des bas
- un déplacement, un déménagement
- un déplacement financier
- boule du loto, bingo
- casino, roulette
- la bourse, le jeu
- la chance ou la malchance
- le centre des choses ou recentrer les choses
- le cœur
- le centre d'énergie
- la grande roue, les fêtes foraines
- le tour de manège
- le moulin à vent, spirale, tourniquet
- poulie, volant, moulinet
- un engrenage
- passer à la moulinette
- rabâcher, ressasser
- tourner en rond
- névrose obsessionnelle
- libre arbitre
- roulement, mécanisme, mécanique
- machine et métier de mécanique
- trinité ou trois choses

– suite d'événements
– activité débordante
– un entraînement
– transformation ou évolution, la « roue tourne »
– retournement de situation
– se sortir d'une impasse ou d'une servitude
– malentendant ou personne qui ne veut rien entendre
– résistance à la chute, à l'involution
– retour de manivelle
– rien ne peut rester figé, tout change
– naître, culminer et mourir, les cycles

# LA FORCE

**Descriptif de l'image :**

La carte de La Force représente une belle et élégante jeune femme debout, assez costaude et d'un âge mûr, dont la tête est légèrement inclinée et tournée sur la droite tandis que le corps n'y est pas complètement tourné, qui tient écartée la gueule d'un animal (lion ou chien) qui semble se soumettre. Elle symbolise une directrice, une femme conducteur de travaux, une femme à forte personnalité, une femme plantureuse. Carte d'embonpoint. Pouvoir de diriger, contrôle d'une situation.

Le numéro 11 de la carte, évoque un nouveau principe de départ (1) venant à la fin d'un cycle (10), puisque 11 est la somme de 10 + 1.

Le nom de La Force désigne une puissance d'action physique qui, ici sous les traits d'une femme-dompteur, indique une grande volonté de vaincre en maîtrisant cette énergie à la place de se laisser dominer par elle. Avec cette lame, il faut « tenir bon ». Carte de force morale, de virilité. Elle peut représenter les métiers qui demandent des efforts, de la force physique, comme les métiers du bâtiment, déménageur, entraîneur, sportif, culturisme…

Notion d'élévation, de se réaliser « à la force du poignet ». Cette lame peut évoquer les ascenseurs, les élévateurs, le mouvement ascensionnel.

Le visage est détendu. Elle soumet l'animal sans chaos. Le regard est lointain ; elle semble réfléchir à tout autre chose comme si elle savait que cette victoire lui était, d'avance, acquise. Cette femme est sûre d'elle et de son pouvoir, elle commande la situation. Carte de plénitude. Elle domine ses instincts et sa colère ; on peut supposer qu'elle a enfilé un masque (séparation du cou), et on peut traduire ici qu'elle fait bonne figure.

Sa robe est élégante, avec un corset à lacets. Elle porte un chapeau qui ressemble à une capeline. On la croirait parée pour aller sur les champs de course ou à une cérémonie. Une certaine distinction semble se dégager de cette lame. Son manteau ayant des pans flottants, sans l'envelopper totalement, on peut penser qu'elle le porte sur les épaules (encore un signe d'élégance) et qu'il flotte lorsqu'elle marche, tel un cache-poussière.

Ses bras sont en mouvement, en activité. Cette femme est active même si elle semble résister aussi d'une force passive, même si elle semble bloquer ou figer un mouvement. On ressent une certaine tension, carte de tension ou d'hypertension.

Les mains de la femme semblent douces ; elle semble ouvrir délicatement ou « du bout des doigts » la gueule du lion. Carte de courage, d'héroïsme. En domptant le lion ou l'animal, elle domine une force et en écartant les mâchoires, elle en découvre et libère les puissances obscures qui seraient en elle, intérieures, dans ses tripes, et les soumet.

La gueule du lion ou du chien ainsi ouverte semble avoir le pouvoir d'immobiliser un individu ; on pense au maître-chien, à un gardien de prison, au chien policier, au chien de garde… On peut assimiler cette carte à un métier confrontant au danger. La Force sépare les mâchoires de l'animal ; notion de bouche ouverte, de profondeur (on peut penser que quelque chose a été avalé ou englouti dans la gueule du lion) ; un bras y pénétrerait.

Le signe astrologique en analogie avec la carte de la Force est donc le Lion. Le mois correspondant peut être le mois d'août ; saison d'été, période de réchauffement. Carte qui évoque les grands animaux ou les métiers en rapport avec les animaux, dompteur, boucher, vétérinaire, chasseur, éleveur… La Force a une volonté de vaincre.

La gueule du lion ainsi béante se trouve à la hauteur du vagin de la femme. Forte notion de sexualité (et aussi d'examen gynécologique = béance de la gueule). Magnétisme sexuel. Disponibilité, ouverture ou attente sexuelle. Carte de désir et de rencontre passionnelle.

Le pied est nu et ne repose sur aucun sol, elle ne repose donc que sur ses propres énergies. Les victoires remportées par la Force la font avancer dans n'importe quel plan. Elle ne compte que sur elle-même. Réussite par soi-même, indépendance, individualité.

**En situation, la Force représente :**

- une belle femme
- femme élégante
- femme distinguée
- femme à capeline
- habit de cérémonie ou du dimanche, tenue de soirée
- long imperméable, cape, cache-poussière
- femme sur champs de course, course de lévriers
- femme forte, plantureuse, enrobée
- femme d'âge mûr
- une directrice

- femme conducteur de travaux
- forte personnalité
- un (ou une) dompteur
- tenir bon
- force physique
- force morale
- virilité
- métiers manuels
- travailleur de force
- métiers du bâtiment
- déménageur
- entraîneur
- sportif, culturisme
- soumission, obligation de se soumettre
- victoire assurée
- pouvoir et maîtrise
- plénitude
- dominer sa colère
- faire bonne figure
- résistance passive
- mise en activité
- prendre les choses en main
- prendre les choses à bras le corps
- tension, hypertension
- délicatesse
- courage et héroïsme
- libération ou domination des angoisses, tourments intérieurs
- tenir en respect, neutraliser, bloquer un individu
- maître-chien
- gardien de prison
- chien policier ou de garde
- métiers à risques ou confrontés au danger
- bouche ouverte ou bouche bée
- profondeur
- un porte-parapluie, vase, une cavité, objet creux
- notion d'engloutissement, avaler, boire (paroles, nourritures)

- notion de vaincre, de dominer
- contrôle d'une situation
- signe astrologique du Lion
- l'été
- période de chaleur ou de réchauffement
- les grands animaux
- un dompteur
- un boucher
- un vétérinaire
- un chasseur
- un éleveur
- un gardien de parc animalier, de zoo
- une béance
- le vagin
- sexualité, désir
- une rencontre passionnelle
- ouverture ou disponibilité sexuelle
- l'attente sexuelle
- l'examen gynécologique
- ne compter que sur soi-même
- réussite par soi-même
- self-made man
- travailleur indépendant
- travail indépendant
- l'élévation
- l'ascenseur
- le mouvement ascensionnel
- poste à créer, à construire
- individualité ou individualisme
- indépendance

# LE PENDU

**Descriptif de l'image :**

La carte du Pendu représente un jeune homme pendu par le pied gauche à une potence. Il croise sa jambe droite à hauteur du genou de son autre jambe ; ses bras sont repliés ou attachés dans son dos, sa tête est droite, ses cheveux sont tombants et ses yeux sont bien ouverts. Deux arbres élagués soutenant une branche transversale forment un portique qui le soutient.

Le numéro 12 de la carte évoque le 10 + 2, la fin d'un cycle et la passivité. Le 12 rappelle les 12 signes et maisons astrologiques, les 12 mois et les 12 apôtres.

Le nom du Pendu désigne un être accroché ou suspendu par le haut, la partie inférieure restant libre. La carte signifie : « une vie est en suspension », voire un état suicidaire.

La corde semble lâche, comme si elle ne retenait pas vraiment le Pendu qui semble flotter en état d'apesanteur. L'homme est en état de sujétion, d'esclavage, de dépendance. Il peut être simplement dépendant de ses habitudes, de ses manies (maniaque). Période de renoncement, d'abandon, mais aussi de mûrissement d'une situation comme l'attente d'un fruit qui est prêt à tomber.

Le talon est un point sensible ; la légende ne parle-t-elle pas du « talon d'Achille » ? Avec les pieds fortement mis ici en évidence, on n'est pas sans évoquer le signe des Poissons qui est en rapport analogique avec cette partie du corps et la douzième maison astrologique, celle des épreuves. Par la position du pied accroché, la carte peut représenter des troubles circulatoires, l'entorse ou la crampe au mollet. L'individu a un problème à une jambe ou à un pied !

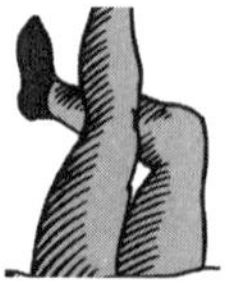

La jambe droite est pliée. Par celle-ci, le Pendu démontre qu'il peut aisément se libérer, se dégager. La position est malgré tout très inconfortable. On pense aux enfants qui jouent à « cochon pendu ». Carte d'acrobaties. Idée de « quelque chose qui pend ». Carte qui évoque les yogi, la méditation, la relaxation.

Les bras sont repliés. Le Pendu accepte sa destinée. Notion de repentir, d'abandon, de sacrifice, d'abdication, de pessimisme. Puisque les mains sont dissimulées, on peut dire que le Pendu nous cache quelque chose. Carte de dissimulation ou de feinte.

LE · PENDU

La tête du jeune homme est en bas. Elle rappelle la position du fœtus dans le ventre de sa mère : tête en bas et attaché par un cordon. Par sa posture, le Pendu voit les choses à l'envers, de manière faussée. Carte de duperie, de fraude, d'aveuglement ou d'inconscience. Notion de « perdre la tête ». Déraison.

Les cheveux du personnage sont lâchés et tombants ; ils dénotent une certaine passivité, un abandon à la situation avec une tendance sacrificielle. On peut voir aussi les cheveux décoiffés par un violent souffle d'air comme avec un sèche-cheveux ou une puissante soufflerie.

Son visage est boursouflé, comme on peut retrouver celui d'un noyé mais aussi celui d'un alcoolique à son réveil. Par son attache, d'ailleurs, le personnage du Pendu est dépendant : il peut l'être d'une situation, d'un amour, comme d'une médication, de la drogue, du tabac ou de l'alcool. La personne peut se laisser aller à une prise inconsidérée de somnifères ou d'antidépresseurs : le visage est inexpressif. État léthargique.

Les yeux du jeune homme sont ouverts et fixes. Il a le pouvoir de bien regarder sa situation en face. Il a l'air assez serein, ne grimace pas de la situation. Les sourcils sont rapprochés, se touchent ; il a le faciès des gens du sud, d'un méridional.

Le cou du jeune homme semble enserré par une main, comme étranglé par une situation (expression de « pris au cou », « pris à la gorge ! ») ; on pense qu'il a la gorge nouée, ou qu'il est enroué. Notion d'étouffement. On met d'ailleurs les enfants ayant avalé quelque chose qui obstrue leur gorge dans cette position pour en expulser l'objet intrus. Maux de gorge, angine.

La branche verte transversale qui suspend le jeune homme annonce encore une certaine verdeur de l'individu ; d'ailleurs, les arbres qui l'encadrent sont encore verts et leurs douze branches coupées, à cicatrices rouges, témoignent encore d'une vie difficile mais néanmoins existante : le pendu est obligé, par sa situation, à des efforts permanents. Il est d'ailleurs « pieds et poings liés ». Chômeur, prisonnier, clochard, sans ressources. Personnage aliéné.

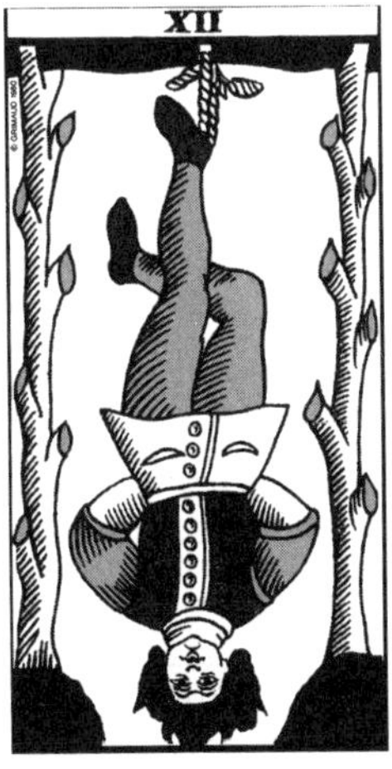


Les arbres qui l'encadrent ou l'enferment dans son histoire, accentuent l'apparence d'étroitesse, comme si on enfilait une veste trop petite, comme si on était dans une position de repli, telle la chauve-souris lorsqu'elle s'endort, pendue et repliée sur elle-même. Carte d'hibernation.

Les cheveux et le feuillu des arbres en position basse évoquent, à l'instar des goupillons ou balayettes au bout d'un long manche, une notion de nettoyer ou d'aller au fond des choses.

Les cicatrices des branches coupées font penser aux plaies vives, aux brûlures de cigarettes (torture ou auto-supplice) ou à une personne aux ongles peints.

Les touffes d'herbe verte signifient que le Pendu s'abandonne à la nature.

**En situation, le Pendu représente :**

- un jeune homme
- un acrobate
- une punition
- un pendu
- une vie ou un état en suspension
- un état suicidaire
- l'apesanteur
- un cosmonaute
- état de sujétion ou d'hypnose
- esclave ou esclavage
- état de dépendance ou accoutumance
- maniaque, avoir des manies, des tics
- superstition
- période de renoncement
- abandon
- mûrissement d'une situation
- talon d'Achille, point faible
- maladies ou problème aux pieds
- les Poissons
- les épreuves
- troubles circulatoires
- entorse
- crampe au mollet
- position inconfortable
- quelque chose qui pend
- le yogi, la méditation, la relaxation
- repentir

- acceptation de la situation
- sacrifice
- abdication
- pessimisme
- quelque chose de caché, dissimulation ou feinte
- le fœtus
- voir les choses à l'envers, de manière faussée
- duperie, fraude
- aveuglement ou inconscience
- perdre la tête
- passivité
- violent souffle d'air
- personnage décoiffé ou cheveux hirsutes
- faciès méditerranéen
- visage boursouflé
- alcoolique, drogué...
- être dépendant d'une situation, d'un amour
- dépendance aux somnifères, état léthargique
- visage inexpressif, yeux fixes
- étranglé par une situation
- être pris à la gorge
- gorge nouée, gorge enrouée
- maux de gorge, angine
- étouffement
- manque d'air ou étouffement
- problèmes respiratoires, asthme
- cicatrices
- vie difficile
- clochard
- chômeur ou sans ressources
- prisonnier
- aliéné
- étroitesse
- enfermement dans une situation
- repli, hibernation
- aller au fond des choses

– nettoyer au fond des choses
– récurage
– travail de ramonage
– cierge
– plaie vive
– brûlure de cigarette
– ongles peints

# L'ARCANE SANS NOM

**Descriptif de l'image :**

LA CARTE DE L'ARCANE SANS NOM représente un squelette qui fauche, avec une faux et sur une terre brûlée, ce qui encombre sa route. Émergent des mains, deux os, un pied, une tête d'homme couronnée et une tête de femme sur laquelle il pose son talon.

LE NUMÉRO 13 DE LA CARTE évoque un chiffre fatidique. 13, c'est aussi la détermination d'un cycle (10) allié au principe d'activité (3). On attribue souvent ce chiffre aux événements malheureux comme par exemple, il faut éviter d'être treize à table ! 13 est le nombre de toutes les superstitions.

Cette carte n'a pas de nom, on la désigne pourtant comme L'ARCANE SANS NOM. On la dénomme aussi souvent l'arcane XIII ou La Mort. Cette lame peut représenter une personne veuve, les métiers qui sont en rapport avec la mort, les ancêtres, la généalogie. L'évocation de la mort rappelle les militaires qui vont au front, les démineurs, les fossoyeurs, ou ceux qui côtoient la mort : notaires, médecins légistes, criminologues... En analogie avec Pluton ou le signe du Scorpion.

Le squelette – évocation de la maigreur – est de couleur chair et évoque le fait que la matière subit sa propre transformation ; il est naturellement associé au Temps, à la Mort, aux mouvements de la vie. Cette carte, qui peut représenter la longévité, est aussi en analogie avec Saturne puisqu'il gouverne les os et le squelette. On peut voir dans cette lame un dépouillement (métier d'huissier), une destruction ou, sur un autre plan, une radiographie, un radiologue. Lame de médiumnité. Problèmes osseux ou dentaires possibles ici (le squelette est édenté !). Personne voûtée.

La couleur noire, sombre, de la tête du squelette évoque les gens de couleur : africains, noirs américains, Antillais ou peau très mate, voire personne très brune. Métier de mineur, noirceur. Les traits noirs qui dessinent le squelette font penser aux circuits imprimés (métier d'électronicien). Notion d'effort pour soulever la faux, de visage tendu ou crispé. Rictus.

La tête du squelette, visuellement, semble porter un casque tel un motocycliste ou jockey ; l'attitude penchée de la silhouette évoque l'homme sur sa moto ou sur son cheval.

La colonne vertébrale ressemble à un épi de blé. On voit dans cette ultime décomposition du corps humain un nouvel espoir de fécondation. La faux est un outil de moisson. On peut penser aux métiers de l'agriculture (faux, terre brûlée, épi de blé) ou de boulangerie (épi de blé). Notion de décortiquer (épi de blé) et par extension, critiquer, examiner, etc. Notion de décarcasser, de carcasse, de casse : garagiste par extension.

La boule dans le bas de la colonne vertébrale ressemble à un nœud qui paralyserait ou immobiliserait un individu : blocage des reins ou lumbago. Taille fine, bassin large, os saillants.

Le pied droit semble enfoncé dans le sol ou a été coupé. Blessure au pied. Idée de béquille, de canne, de jambe de bois, personne handicapée ou pied dans le plâtre (visuellement la lame de la faux peut suggérer un pied immense comme s'il était dans un plâtre). Le fait que l'on ne voit pas le pied droit rappelle une personne qui aurait les pieds dans l'eau comme un égoutier.

La lame de la faux est rouge mais pas sanguinolente, il n'y a pas de coulure de sang. Elle permet de trancher sans hésiter et de mettre fin aux hésitations, fin aux illusions. Elle égalise, elle coupe, elle tue. Carte de remise en question. Honnêteté, droiture (net et sans bavure). Avec l'Arcane sans Nom, toute décision devient définitive, irrévocable. Scission, rupture, coupure. Notion de changement radical. La faux balaie, la faux évoque une certaine insensibilité. L'axe d'inclinaison du bâton est semblable à l'axe de la Terre qui établit la vie et les saisons.

Le noir de la terre évoque les ténèbres, une totale passivité. Lame de froideur, de silence, d'hiver, de froidure. Géographiquement, on peut se trouver en pays froid. On quitte l'ancien pour aller vers le neuf : on change d'année, de saison, de peau… Notion de renouvellement. La terre est noire et féconde, ou brûlée comme pour en obtenir une meilleure fécondation. Terre riche pour un agriculteur. L'humus de la terre et l'attitude du squelette font penser au palefrenier.

Deux os semblent s'être blanchis au fil des ans. Le terrain ressemble à une décharge publique, à un cimetière ; les métiers qui peuvent en découler sont : éboueur, balayeur, fossoyeur.

La tête de femme ou d'enfant est sous le pied gauche du faucheur ; le squelette semble être sans pitié. Le visage de l'enfant évoque une personne craintive qui rentre la tête dans son cou, sentant poindre une menace.

La tête couronnée semble accepter avec bonhomie son sort ; le visage est souriant et paraît confiant de sa prochaine transformation.

L'herbe garantit la fertilité du terrain. La vie subsiste encore. L'herbe jaune s'apparente à des flammèches qui peuvent encore brûler par-ci, par là, après un incendie. Carte apparentée aux métiers du feu.

Les mains qui surgissent droites du sol paraissent réclamer de l'aide : détresse, d'appel à l'aide. La silhouette semble porter un maillot de bain (le dessin de son bassin) et on peut ainsi penser à un sauveteur ou à un maître-nageur par extension.

**En situation, l'Arcane sans Nom représente :**

- un squelette
- la maigreur
- une superstition
- une personne veuve
- métiers en rapport avec la mort
- généalogie
- les ancêtres
- un militaire
- un démineur
- un fossoyeur
- un notaire
- un médecin légiste
- un criminologue
- Pluton, le Scorpion
- la destruction pour la reconstruction
- le Temps, la Mort
- la longévité
- Saturne
- le squelette et les os, les problèmes osseux et dentaires
- une personne voûtée
- un dépouillement
- un huissier
- une radiographie, un radiologue
- la couleur noire

- gens de couleur (noirs)
- personne très brune
- mineur, noirceur, visage sale
- circuits imprimés, électronicien
- visage tendu, crispé, rictus
- un motocycliste
- un jockey
- les métiers de l'agriculture
- un boulanger
- la moisson
- décortiquer, esprit critique
- examiner
- décarcasser, carcasse
- la casse et le garagiste
- blocage des reins ou lumbago
- taille fine, bassin large, os saillants
- froideur, ténèbres, silence
- l'hiver, le froid, le gel (notion de cassant)
- le changement de saison, de peau, d'année
- on quitte l'ancien pour aller vers le neuf
- terre riche et féconde
- terre brûlée
- humus, palefrenier
- blessure au pied
- béquille, canne
- jambe de bois
- personne handicapée
- pied dans le plâtre
- pieds dans l'eau
- pêche aux moules
- égoutier
- mettre fin aux hésitations
- trancher
- égaliser
- couper
- tuer

– remise en question
– honnêteté, droiture, rigidité
– net et sans bavure
– décision définitive, irrévocable
– scission, rupture, coupure
– changement radical
– insensibilité
– un balayeur
– une décharge publique
– un cimetière
– un éboueur
– un fossoyeur
– être sans pitié, impitoyable
– personne craintive
– la tête rentrée dans les épaules craignant une menace
– un enfant sauvage
– le primaire subit la transformation
– l'être supérieur accepte la transformation
– terrain fertile
– la vie après la mort
– un incendie
– des flammèches
– métiers du feu
– notion de détresse
– appel à l'aide
– maître-nageur
– sauveteur
– celui qui cherche dans les décombres
– service d'urgence
– un archéologue

# TEMPÉRANCE

**Descriptif de l'image :**

LA CARTE DE LA TEMPÉRANCE représente un ange ailé, présenté de face, aux cheveux longs parés d'une fleur rouge sur le sommet du front, habillé d'une robe longue, debout et légèrement incliné vers notre gauche qui, bras écartés, transvase, sans perte, un liquide d'un vase bleu à un vase rouge. Très aérien de figure, bien qu'il soit aussi soumis aux lois de la pesanteur, mais aussi parce qu'il verse de l'eau, ce personnage peut faire penser au signe du Verseau. Verse de l'eau = métier de bar (gilet de barman). Idée d'amitié et de don de soi. La Tempérance représente notre Ange Gardien, celui qui nous protège. L'ange est conciliateur. Image de paix et de sérénité.

LE NUMÉRO 14 DE LA CARTE évoque le cycle accompli, le 12, auquel on ajoute le 2, une nouvelle fécondité opérante. Carte du passage d'un lieu à un autre, d'un nouvel espoir ou d'une nouvelle lumière.

Le nom de La Temperance désigne littéralement une mesure, une modération dans tous les plaisirs des sens. C'est par exemple – et comme peut le suggérer le graphisme de la carte – « mettre de l'eau dans son vin ». Dans son sens concret, la Tempérance tempère et agit comme conciliatrice. Carte de patience et de coordination (métier de *public_relation*). Elle évoque les climats tempérés, la douceur des choses.

Le visage est celui d'un ange qui est, en général, un messager. Il symbolise l'intervention d'en haut et une protection. Le visage est tourné vers sa droite dans le prolongement du mouvement du corps : une détente y apparaît, tout comme dans sa vision de l'avenir. Elle influence plus qu'elle n'impose.

La fleur rouge positionnée au milieu du front et à la racine des cheveux semble guider comme une lampe frontale éclaire l'obscurité. Elle matérialise un axe de lumière. Carte d'ouverture aux autres (la position des bras), de pôle attractif, de « phare » (la fleur au front). Paix.

Les ailes apportent un pouvoir d'élévation ou d'envol. Carte de voyages aériens. Métier de diplomate, d'interprète, d'hôtesse. Notion d'air frais, de mal de gorge (écharpe protectrice).

La ceinture évoque une zone abdominale importante (les intestins). Médicalement, elle suggère les organes qui « échangent » comme les reins, la vessie, les veines, les artères, et la circulation énergétique. La ceinture, très large, symbolise le lien, l'union et la protection intelligente. Notion de fidélité et de fécondité. Carte de nouvelle affection.

Le graphisme de l'attitude des deux bras évoque un accordéoniste. La lame suggère un musicien. Ce mouvement évoque aussi les « relations élastiques », les gens qui « laissent faire », « une fois oui, une fois non », la souplesse. Mais c'est une personne aussi qui prend ses aises, qui écarte les bras (qui « joue des coudes ») pour faire de la place. Si c'est une danse, c'est une valse.

Le liquide est en mouvement perpétuel entre les deux vases rouge et bleu, comme entre un pôle froid et un pôle chaud, l'un passif et l'autre actif. Il rappelle l'équilibre du flux et du reflux. Évocation d'un circuit fermé, mouvement, déplacement, voyage, déménagement, mais aussi d'une communication. Notion de standard. Idée de « passage », de validation : « ça passe ! ».

Comme l'eau passe d'un vase à l'autre sans jamais les remplir, idée d'hésitation, de tergiversation, de peser le pour et le contre. Notion d'attache, de deux êtres qui ne se séparent pas l'un de l'autre ; idée de mélange, de continuité. Évocation d'échangeurs routiers, voire aéroports, gares, correspondances routières... Concept d'une personne qui, face à un événement, « laisse couler ». Carte aussi de « laissez-passer ».

Les touffes d'herbe témoignent d'une fertilité du sol et de la carte. Si elle évoque un site, elle peut faire penser à une source ou à une station thermale, une ville d'eau. Période de détente.

**En situation, la Tempérance représente :**

- un ange
- le Verseau
- l'amitié
- l'échange
- la conciliation
- le don de soi
- métier du bar
- un gilet de barman, un barman
- la paix
- la sérénité
- la modération
- la mesure
- mettre de l'eau dans son vin
- tempérer

– patience
– une coordination
– métier de *public relation*
– un climat tempéré
– l'air frais
– mal de gorge ou voix enrouée (écharpe)
– la douceur des choses
– un messager
– l'intervention d'en haut
– une protection
– la détente
– vision positive de l'avenir
– influence
– harmonie
– fidélité
– fécondité
– une nouvelle affection
– guider
– une lampe frontale
– un axe de lumière
– ouverture aux autres
– pôle attractif, « phare »
– pouvoir d'élévation
– envol
– voyage aérien
– métier de diplomate
– interprète
– hôtesse
– zone abdominale, les intestins
– organes qui « échangent » comme reins, vessie, veines, artères,
– circulation énergétique
– accordéoniste, musicien
– les « relations élastiques »
– les gens qui « laissent faire »
– « une fois oui, une fois non »
– la souplesse

– quelqu'un qui prend ses aises
– jouer des coudes
– faire de la place
– une danse, une valse
– un liquide
– un mouvement perpétuel
– un pôle froid et un pôle chaud, l'un passif et l'autre actif
– le flux et le reflux
– un circuit fermé
– déplacement, voyage, déménagement
– la communication
– un standard
– notion de « passage »
– concept de validation : « ça passe »
– idée d'hésitation, de tergiversation
– peser le pour et le contre
– notion de lien, deux êtres qui ne se séparent pas l'un de l'autre
– idée de mélange
– circulation ou énergies qui circulent
– continuité
– échangeurs routiers
– aéroports, gares, correspondances routières
– « laisser couler »
– « laissez-passer »
– une source
– une station thermale, une ville d'eau
– une convalescence
– période de loisirs

# LE DIABLE

**Descriptif de l'image :**

La carte du Diable représente un personnage androgyne ailé, aux seins de femme, torse nu, de face, debout sur un socle, aliénant deux petits sujets cornus aux appendices animaux, l'un féminin tourné vers la droite et l'autre masculin tourné vers la gauche. Ce diable brandit un glaive sans poignée dans sa main gauche. La lame symbolise un être de pouvoir ou un être influent. Les rapports de force sont à envisager ici. Le diable peut être un adversaire, un ennemi.

Le numéro 15 de la carte évoque par le 10, un cycle complet auquel le 5 rajoute une instabilité ou des aléas vers une orientation nouvelle.

Le nom de Diable désigne, dans la tradition populaire chrétienne, un personnage représentant le mal. Par sa dénomination, le Diable triche, est malhonnête ; il triomphe toujours en utilisant les mauvais procédés. Il est condamnable et sans scrupules. Carte de l'interdit.

Le casque jaune ressemble, avec ses ramures, aux bois d'un cerf. Le caractère belliqueux du personnage est bien évoqué par l'évidence des cornes. Le dessin de la carte est très découpé ; les masses et les espaces s'électrisent par leur graphisme. Carte de nervosité, de tension. On trouve dans cette lame une hyperactivité. Médicalement, hypertension artérielle, excès, stress, hystérie, terreurs, angoisses. Violence et sévices. Carte d'agression.

Le visage est de face et détermine bien que son action est actuelle. Son air demeure néanmoins inquiétant malgré un sourire qui ressemble davantage à une grimace. Carte d'humour noir ou de rire jaune.

Les yeux bridés sont pochés (le Diable vit de ses excès) et exercent, par leur convergence, un pouvoir de fascination. Son regard hypnotise. On a toujours du mal à regarder en face un personnage qui louche. Danger. Hypnotiseur, occultiste, magie. Asiatique, intervention aux yeux.

Les seins de femme sur un corps masculin appellent à la provocation des sens, tendant à la tentation d'autant plus que les cercles les entourant donnent un pouvoir vibratoire comme des cercles concentriques qui troublent le regard. Carte d'attraction et de charisme. Carte associée aux travestis, au monde de la nuit, au « milieu ».

Les ailes rappellent les vampires par leurs formes anguleuses et symbolisent un personnage céleste. Le diable, pourtant, fait plutôt figure d'un personnage infernal. Lame d'occultisme. Carte de ruse, de feinte. Machiavélisme et perversion.

La main gauche tient un glaive à même la lame et à main nue. Avec sa chair ainsi en contact sur le tranchant de la lame, il semble invulnérable. Le personnage semble puissant et passionné. Arcane d'autorité. Le diable VEUT et OBTIENT. Avec l'épée, on peut penser à une intervention chirurgicale. Opération de chirurgie esthétique (tricher dans l'apparence à l'instar du travesti).

Le glaive n'a pas de poignée ; on pourrait le confondre avec un cierge que l'on tend à porter bras baissé comme lors d'une procession. Carte d'esbroufe. Le diable fait croire ce qu'il veut !

Le Diable fait penser à un escrimeur, à un être qui manipule les armes blanches, sport de combat (aïkido), et à quelqu'un qui monte vainqueur sur un podium (remise des médailles).

La main droite est ouverte, les doigts griffus sont écartés telle une patte d'oiseau. La main ainsi dessinée semble interpeller, ou « faire coucou » pour signaler ou rappeler sa présence que l'on ne doit surtout pas oublier ! Le Diable ramène tout à lui. Ses griffes accrochent la matière : carte de gain et d'argent. Buts égoïstes (« la fin justifie les moyens »), le triomphe ne sera que momentané. Jeux d'argent, financier, prêteur sur gages, diamantaire (le graphisme éclaté de la lame symbolise la taille de la pierre). Affaires louches.

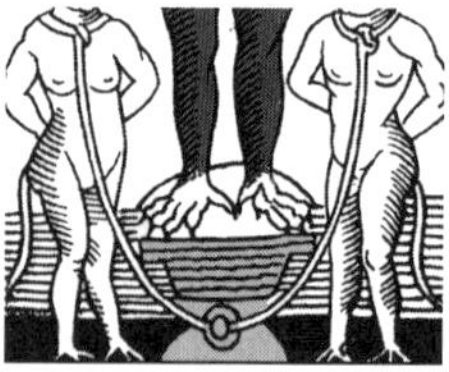

Une corde relie les deux petits êtres par le cou à un piédestal sur lequel repose le diable. Carte d'enchaînement, de dépendance, de soumission, d'esclavage.

Les hanches sont, d'apparence, féminines et accentuent davantage le côté androgyne du diable. Carte de gourmandise, de laisser-aller aux tentations. Cellulite.

Le sexe du Diable est situé en plein centre de la carte (visualisez deux diagonales qui se croiseraient en cet endroit !) ; très grande importance de la sexualité. Le comportement du Diable est excessif d'où stress, maladies vénériennes et microbiennes possibles. Carte associée à Pluton.

Les jambes sont recouvertes d'un collant bleu, d'un justaucorps ; elles évoquent les jambes de gymnaste ou de danseur.

Une grosse ceinture rouge descend jusqu'aux parties intimes du diable et affirme sa virilité et son énergie sexuelle. L'importance prise ici par la puissance virile détermine un attachement excessif mais contraignant ou limitatif aux « choses du sexe ». Obsession sexuelle. Prostitution, vivre de parasitisme, de ses charmes.

Les pieds sont, comme les mains, griffus : le diable semble tenir ferme et bien s'accrocher à ce qu'il retient dans ses serres. Le Diable est un manipulateur.

Le Diable s'élève sur un piédestal. Carte d'orgueil. Le fait d'être monté sur un podium dénote un succès. Il ressemble à un prédicateur. Lame associée aux personnages populaires ou à ceux qui se produisent sur une scène, à la mode, au pouvoir, à la politique, aux boîtes de nuit branchées, aux spectacles. Un leader, un être qui veut être remarqué, vu, photographié…

Les ramures du casque des diablotins ne dépassent pas la ceinture du Diable : leur discernement ne peut pas aller au-delà de ces parties intimes : ils ne « voient pas plus haut que la ceinture ! ».

Les grandes oreilles ressemblent au bonnet d'âne que l'on dépose sur le crâne des êtres stupides : les diablotins se sont laissés enchaîner sottement. Ils semblent ici rendus à leur état animal. Carte de servitude, d'enchaînement.

Les personnages ont une queue qui les identifie davantage aux petits animaux que l'on mate et qui ne pensent pas. Leurs mains sont attachées ; ils ne peuvent être délivrés sans une aide extérieure. Les diablotins semblent entièrement livrés au Diable et ne paraissent pas en être malheureux (ils sourient !).

Le sol est noir puis, en remontant, devient jaune strié comme un champ labouré qui annonce finalement une certaine fertilité. Carte de richesse.

**En situation, le Diable représente :**

- un être de pouvoir
- un être influent
- des rapports de force

– un adversaire, un ennemi
– le mal
– tricherie et malhonnêteté
– triomphe par des mauvais procédés
– personnage condamnable et sans scrupules
– l'interdit
– caractère belliqueux
– nervosité, tension
– hyperactivité
– hypertension artérielle
– excès
– stress, hystérie, terreurs, angoisses
– violence et sévices
– agression
– un personnage inquiétant
– une grimace
– humour noir ou rire jaune
– des yeux pochés
– des yeux bridés, un Asiatique
– strabisme, intervention aux yeux
– pouvoir de fascination
– danger
– hypnotiseur, occultiste, magie
– tentation
– provocation des sens
– attraction et charisme
– les travestis
– le monde de la nuit
– le « milieu »
– les vampires
– personnage infernal
– ruse, feinte
– machiavélisme
– perversion
– invulnérabilité
– personnage puissant et passionné

- autorité
- vouloir et obtenir
- une intervention chirurgicale
- la chirurgie esthétique
- tricher sur l'apparence
- esbroufe : le diable fait croire ce qu'il veut
- un escrimeur
- armes blanches
- sport de combat (aïkido)
- vainqueur sur un podium
- une remise de médaille
- doigts griffus : avarice
- « coucou, je suis là. »
- signaler ou rappeler sa présence
- égocentrisme
- gain d'argent
- buts égoïstes
- « la fin justifie les moyens. »
- triomphe momentané
- jeux d'argent
- financier, prêteur sur gages
- diamantaire
- une affaire louche
- dépendance, soumission
- enchaînement, esclavage
- androgynie
- hanches féminines
- cellulite
- gourmandise, laisser-aller aux tentations
- très grande importance de la sexualité
- stress
- maladies vénériennes et microbiennes
- Pluton.
- gymnaste
- danseur
- virilité, énergie sexuelle

- attachement excessif
- attachement contraignant ou limitatif aux « choses du sexe »
- obsession sexuelle
- prostitution
- parasitisme
- manipulateur
- l'orgueil
- un podium
- le succès
- un personnage populaire
- un prédicateur
- se produire sur scène
- la mode
- le pouvoir
- la politique
- les boîtes de nuit branchées
- les spectacles
- un leader
- un être qui veut être remarqué, vu, photographié.
- « ne pas voir plus haut que la ceinture ! »
- bonnet d'âne
- grandes oreilles
- stupidité
- l'état animal
- servitude, enchaînement
- mater quelqu'un
- richesse

# LA MAISON-DIEU

**Descriptif de l'image :**

LA CARTE DE LA MAISON-DIEU représente une **tour** faite de brique décapitée par la foudre. Le haut de cette tour ressemble à une couronne prête à basculer. Des boules de couleur rouge, bleue et blanche pleuvent sur un sol cabossé. Image d'une tour en ruine (tour de Babel ?) nous toisant de face avec ses petites ouvertures bleues ; l'action est directe et brutale : idée de catastrophe, d'écroulement comme la foudre qui tombe soudainement.

Deux jeunes personnages tombent, semblant en être éjectés. Idée de déménagement rapide ou soudain, d'expulsion. Dans son sens plus large, la Maison-Dieu démontre la limite de la puissance humaine avec son incapacité à installer les choses ou son impuissance à construire définitivement. Elle est le principe même du progrès puisque reconstruire en permanence permet l'amélioration. « Faire et défaire, c'est toujours travailler ! »

LE NUMÉRO 16 DE LA CARTE évoque tel 4 x 4 ou 4 + 4 + 4 + 4 ou le carré de quatre, le « cube », la terre, la matière.

LE NOM DE LA MAISON-DIEU désigne, de son nom ancien, l'hôpital, la maison qui reçoit les malades. Notion d'intervention médicale dans l'urgence ; réanimation ou service des urgences. La tour peut aussi, par extension, symboliser la prison.

La tour qui s'effondre représente une mauvaise construction ou un obstacle qui se dresse sur le chemin, un retournement de situation, un échec complet. Le changement est total et soudain.

La tour est le produit d'une construction humaine. S'écroulant, les valeurs passées s'effondrent aussi ; représentation d'un changement d'opinion. L'homme est enfermé dans ses idées ou dans ses édifications mentales qui ne tiennent pas debout. La tour s'écroule tel un projet soudainement arrêté. L'édifice en lui-même peut faire penser aux paysages avec gratte-ciel, centrale nucléaire, hauts fourneaux. Métier en rapport avec l'architecture, les bâtiments, les ruines, les chantiers… Dans un autre sens, « tour d'ivoire ».

La tour est un symbole de virilité ; carte de jouissance sexuelle : la tour représente le phallus et la flamme évoque le sperme jaillissant. Lame d'éjaculation non contenue, d'éjaculation précoce. Carte d'avortement.

La fenêtre centrale fait penser au troisième œil : notion de voir plus loin que les autres, de discerner des choses qui dépassent l'entendement ou qui déstabilisent. Événement bouleversant. On trouve ici une notion de morale : si les deux personnages s'étaient montrés moins cupides en arrêtant modestement la construction à la hauteur des fenêtres, certes, ils auraient vu moins loin, mais ne seraient pas tombés lorsque la foudre a décapité la tour. Modération conseillée.

La foudre ressemble à un énorme panache qui vient lécher l'édifice (langue fourchue de serpent ou de dragon). Apparentée à la planète Uranus, la carte de la Maison-Dieu représente aussi le coup « de foudre » ou un coup de théâtre, un événement imprévu. Précipitation, accident. Telle la lame du couteau, la flamme ou le panache semble venir séparer la chair : coupure ou blessure. Décapitation (symbolique ou réel).

Le plumet peut aussi matérialiser une lame de feu, une flamme qui vient lécher la bâtisse et purifier, par son action, le travail éphémère de l'humain. Destruction par incendie. La carte peut évoquer un artificier ou un pompier. L'éclair engendre une notion de flash qui aveugle ou éblouit, de lumière vive. Illumination ou éveil intérieur. Le temps est orageux. Idée de danger.

Le haut de la tour, telle une couronne basculant (perte de pouvoir), génère une notion d'ambition ou d'entêtement excessifs. Imprudence et orgueil sont ici aussi évoqués. Le haut de la tour a un diamètre supérieur à celui de la couronne. Idée de « grosse tête ». Danger de persévérer dans la même voie. Dans le domaine de la santé, on dépasse les limites de ses propres forces. Par la représentation graphique, on peut penser à un scalp, à une calvitie naissante. Notion « d'être décoiffé ».

Deux personnages tombent et perdent des possibilités d'appui. Lame de perte de stabilité et de déception. Privation de sécurité. Ils semblent vouloir cueillir l'herbe (les brins sont au nombre de 22 à l'instar du nombre des arcanes majeurs du Tarot de Marseille). On ressent ici la fin d'un cycle. Dans le domaine affectif : séparation, échec. Professionnellement, carte de licenciement ou de mise à pied.

En s'appuyant sur le sol avec leurs mains, les individus reprennent contact avec les forces fluidiques de la terre pour poursuivre, malgré tout, leur tâche.

Le personnage du premier plan semble faire la roue (gymnastique) ou danser, comme s'il était léger ou libéré. Il symbolise l'élément actif qui peut encore se sortir de sa situation.

Le personnage du second plan est « divisé » en deux ; sa partie visible, et la position inverse par rapport à celle de l'autre personnage symbolisent l'élément passif, choqué ou atteint : on ne voit pas ses jambes. La carte peut évoquer un handicapé physique.

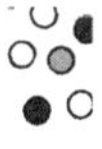

Les boules de couleur semblent exploser, sortir de la tour comme si elles ne savaient rester maintenues ensemble. On peut penser à une chute de pierres ou à une chute d'argent : perte d'argent, faillite, effondrement monétaire, ou au contraire, gain à la machine à sous (pluie de pièces !). Le graphisme de la carte peut faire penser à une ruche ; métier en rapport avec l'apiculture.

Le jaillissement des boules, dans son sens positif, fait penser au pétillement, à une explosion de joie ou à une allégresse soudaine ; carte de fête, de cotillons, de carnaval (aigrette ou panache), de boisson pétillante ou de champagne.

Le sol jaune est bosselé, tourmenté. Carte de tourments et de confusion. On peut penser à une secousse sismique. Les touffes d'herbe verte indiquent que le sol est fécond. La situation est grave mais pas désespérée. Les petites boules donnent une impression de semence.

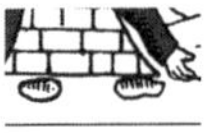

Les deux pierres blanches semblent être des pierres de feu tombées du ciel et nées de la situation explosive et orageuse, qui vont permettre une nouvelle construction. Carte porteuse d'espoir. Visuellement, on pourrait y voir les chaussures (ou chaussons) d'un des deux bambins qui font des cabrioles, celles-ci appartenant à l'enfant qui n'aime pas se chausser.

**En situation, la Maison-Dieu représente :**

- tour faite de brique
- tour en ruine
- action directe et brutale
- catastrophe, écroulement
- foudre
- être éjecté, expulsion
- déménagement rapide ou soudain
- limite de la puissance humaine
- principe de progrès
- amélioration
- prison
- l'hôpital

- maison qui reçoit les malades
- intervention médicale d'urgence
- réanimation, service des urgences
- mauvaise construction
- obstacle sur le chemin
- retournement de situation
- échec complet
- changement total et soudain
- effondrement des valeurs passées
- changement d'opinion
- enfermement dans ses idées
- stupides édifications mentales
- projet soudainement arrêté
- gratte-ciel, centrale nucléaire, hauts fourneaux
- métier en rapport avec l'architecture, les bâtiments, ruines, chantiers…
- tour d'ivoire
- virilité ; phallus
- jouissance sexuelle
- éjaculation non contenue, éjaculation précoce
- avortement
- discernement : notion de voir plus loin que les autres
- dépasser l'entendement ou déstabiliser
- événement bouleversant
- Uranus
- coup « de foudre »
- coup de théâtre, événement imprévu
- précipitation, accident
- coupure ou blessure
- décapitation (symboliquement ou concrètement)
- destruction par incendie
- artificier ou pompier
- flash qui aveugle ou éblouit, lumière vive
- illumination ou éveil intérieur
- temps orageux
- ambition démesurée

- entêtement excessif
- imprudence et orgueil
- idée de « grosse tête »
- modération
- danger de persévérer dans la même voie
- dépasser les limites de ses propres forces
- scalp, calvitie naissante
- être décoiffé
- perte d'appui, perte de stabilité
- déception
- privation de sécurité
- fin d'un cycle
- séparation, échec
- licenciement ou mise à pied
- faire la roue (gymnastique)
- danser
- être léger ou libéré
- individu choqué ou atteint
- handicapé physique
- chute de pierres
- chute d'argent
- perte d'argent, faillite, effondrement monétaire
- gain à la machine à sous
- ruche ; métier en rapport avec l'apiculture
- pétillement
- explosion de joie ou allégresse soudaine
- fête, cotillons, carnaval, champagne
- tourments et confusion
- secousse sismique
- situation grave mais pas désespérée
- semence
- situation explosive et orageuse
- espoir pour une nouvelle construction
- enfant qui n'aime pas se chausser

# L'ÉTOILE

**Descriptif de l'image :**

LA CARTE DE L'ÈTOILE représente une jeune femme aux cheveux longs et abondants et aux formes sensuelles, nue et agenouillée, présentée de trois-quarts vers la gauche qui, grâce à une amphore dans chaque main, verse de l'eau dans un étang. L'étoile de Vénus, parmi d'autres étoiles au-dessus d'elle, la guide. Le paysage qui l'entoure est composé de deux arbustes verts. Un oiseau battant des ailes, est posé sur une branche. On peut y trouver une certaine correspondance avec le signe du Verseau (verse eau). L'Étoile rappelle une belle femme, une femme amoureuse, une femme douce.

LE NUMÉRO 17 DE LA CARTE, évoque un cycle accompli empreint de spiritualité (10 + 7). Les 1 + 0 + 7 totalisent un 8, tel le nombre d'étoiles contenues dans la carte ; le huit s'associe à l'infini.

LE NOM DE L'ÈTOILE désigne un point brillant, une clarté du ciel telle une lumière venant d'en haut chassant les mauvaises influences. Carte d'aide et d'inspiration. Symbole de guide. Nuit éclairée.

La jeune femme est agenouillée; signification de soumission et de disponibilité, d'abandon comme « mettre un genou à terre » par exemple. Don de soi. Affection véritable et amour prochain. En analogie: Vénus. Laisser-aller, laisser couler les choses. Mollesse. Fatalisme.

Les cheveux longs, libres et abondants sont symbole d'innocence (une jeune fille n'attache ses cheveux que lorsqu'elle est devenue femme). Carte d'espérance et de beauté. Salon de coiffure ou de beauté. Esthétisme prononcé. Esthéticienne. Inspiration artistique. Artiste, muse, modèle. Mannequin. Les cheveux sont sombres, la jeune femme représentée peut être brune. La femme peut être petite (elle est ici à genoux!). Narcissisme (elle se regarde dans l'eau). Par extension, mirage.

La tête est douce et inclinée. Tendresse, paix et harmonie, hypersensibilité. On ressent dans cette lame un certain lymphatisme. Carte soporifique. Symbiose. Le visage de la jeune femme semble réfléchi ou appliqué, voire triste. Sens d'ordre, de délicatesse et de perfection.

Importance de la bouche de la jeune femme placée à l'intersection des diagonales de la carte: les lèvres soulignent son oralité et sa vérité intérieure. Personne axée sur la Vérité. La bouche n'est pas seulement un organe qui permet de manger, boire et s'exprimer, elle est aussi l'endroit où passe le souffle de la vie.

La nudité de la femme évoque la pureté mais rappelle aussi l'attraction des sens. Carte d'intimité, de sensualité et de charme qui attire. La cuisse de la femme est ronde; tendance à la cellulite et à la rétention d'eau. Les épaules sont rondes, basses comme celles d'une enfant.

Les vases sont associés à la coupe - donc à l'amour - à l'utérus, au sexe féminin. Ils recueillent et déversent leur contenu. Carte d'amour. Une amphore est située près du sexe de la femme et symbolise la fécondité. Lame qui évoque les menstruations, l'écoulement mensuel. L'autre amphore tenue par sa main droite touche le genou de la femme et son contenu déversé aboutit au bout de son pied droit. Elle évoque la circulation veineuse. Les cures thermales sont recommandées. On voit ici l'image d'une personne qui se rince ou lave les pieds (pédicure, soin des pieds), qui nettoie le sol des impuretés. Femme de ménage.

L'oiseau noir – qui pourrait représenter un corbeau – perché et battant des ailes sur le haut d'un arbre, évoque la légèreté, le côté aérien de la carte et incarne l'esprit. Le corbeau représente la prémonition et la clairvoyance. Personne aimant les oiseaux, ornithologue ou oiseleur. L'oiseau chante et son gazouillis peut aussi symboliser la clair-audience. Carte de chant et d'écoute (la tête inclinée annonce une personne attentive). Lame de musique. Son égrené (dispersion et graphisme des étoiles), tel celui d'une harpe (légèreté).

Les petites étoiles, au nombre de sept sont en correspondance avec les sept planètes. L'étoile centrale, telle l'étoile polaire et à l'instar d'une source lumineuse, semble guider l'homme dans son parcours ou dans sa destinée. Bon augure et espoir. Éclaircissement ou révélation d'une vocation. Lame de secours et de sortie d'embûches. Carte de guérison et de santé.

Le paysage évoque un jardin; carte d'écologie, de retour à la nature, métier de jardinier ou de paysagiste. Lame de botanique. Réserve ou parc naturels.

Le sol est jaune et incurvé. Il évoque le réceptacle, la réceptivité, l'intériorité.

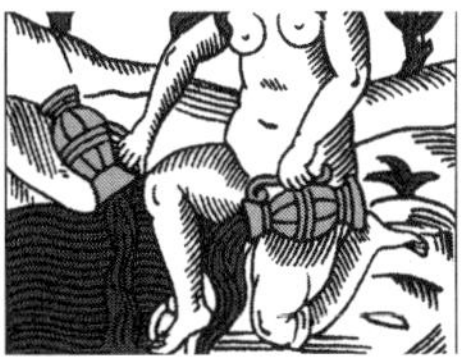

L'eau est la source de vie, favorise la fertilité du sol qui l'accueille. L'eau paraît toujours pouvoir se déverser; la source n'est jamais asséchée. Sens d'accomplissement et de satisfaction. Lame de retour aux sources.

**En situation, l'Étoile représente :**

- une jeune femme aux cheveux longs et abondants
- une jeune femme aux formes sensuelles
- une belle femme
- une femme amoureuse
- une femme douce
- la grâce
- le signe du Verseau (verse eau)
- l'aide
- l'inspiration
- un guide
- une nuit éclairée
- la soumission
- disponibilité
- abandon : « mettre un genou à terre. »
- le don de soi
- affection véritable
- l'amour prochain
- la planète Vénus
- laisser-aller
- laisser couler les choses
- mollesse
- fatalisme
- l'innocence
- l'espérance
- beauté, esthétisme
- salon de coiffure, de beauté
- une esthéticienne
- une pédicure
- inspiration artistique
- artiste, muse, modèle
- un mannequin
- une femme brune
- petite femme
- narcissisme

- mirage
- tendresse
- paix et harmonie
- hypersensibilité
- lymphatisme
- un soporifique
- la symbiose
- réflexion
- application
- tristesse
- ordre, perfection
- délicatesse
- l'oralité
- importance des lèvres ou de la bouche
- pureté
- l'attraction des sens
- intimité
- sensualité
- charme
- cellulite et rétention d'eau
- des épaules rondes et basses
- l'utérus, le sexe féminin
- l'amour
- la fécondité
- la circulation veineuse
- une cure thermale
- une personne qui se rince les pieds
- nettoyage du sol
- femme de ménage
- légèreté
- prémonition et clairvoyance
- personne aimant les oiseaux, ornithologue ou oiseleur
- clair-audience
- le chant
- l'écoute
- personne attentive

- la musique
- son égrené
- une harpe
- l'étoile polaire
- source lumineuse qui guide l'homme dans sa destinée
- bon augure et espoir
- un éclaircissement
- la révélation d'une vocation
- le secours
- une sortie d'embûches
- la guérison
- la bonne santé
- un jardin
- l'écologie
- le retour à la nature
- le métier de jardinier
- paysagiste
- la botanique
- réserve ou parc naturels
- réceptivité
- intériorité
- fertilité
- l'accomplissement
- satisfaction
- le retour aux sources

# LA LUNE

**Descriptif de l'image :**

La carte de La Lune représente une lune de couleur bleue contenant un profil humain, avec des rayons rouges et blancs, éclairant un bassin rectangulaire rempli d'eau bleue, dans lequel apparaît une grosse écrevisse menaçante, pinces ouvertes et tendues. Au bord de cette étendue d'eau, et de manière symétrique, deux chiens hurlent à la lune sous une pluie de gouttes d'eau ou de larmes. Le paysage est garni de deux habitations ou tours de hauteur moyenne avec un toit crénelé. Grande symétrie et rigueur géométrique dans cette lame aux couleurs essentielles de bleu et de jaune. Analogie avec la Lune, l'astre. Carte de crépuscule, d'obscurité et de nuit. Lorsque cette carte apparaît dans un jeu, on peut penser à une personne qui dort ou qui s'endort.

Le numéro 18 de la carte évoque l'éternel recommencement : le 10 signifiant l'achèvement d'un cycle et le 8, l'infini.

Le nom de La Lune désigne l'astre de la nuit qui évoque l'imagination, le rêve, le symbole féminin. Significative de mère au foyer, ménagère ou femme d'intérieur. L'astre correspond aux caractères instables, lunatiques et influençables. Comme la lune n'a pas le pouvoir d'éclairer par elle-même mais reflète la lumière du soleil, elle fait apparaître une illusion, une non-réalité, un mensonge. Idée chimérique. Cette lame évoque le signe astrologique du Cancer dont la Lune est la planète maîtresse. En rapport avec les seins, l'estomac.

La lune ne se reflète pas dans l'eau. Fausseté ou duplicité, tromperie, abus. Carte du doute, du rêve et de l'instabilité psychique, cyclothymie, mais aussi carte de fécondité. Lame d'inconscient. Forte imagination mais l'esprit perd de sa logique. Illogisme. Esprit végétatif. Parasitisme. Chantage.

Les rayons bleus, blancs et rouges de la lune évoquent une cocarde tricolore. Par leur graphisme, ils accordent à la lune, une intensité, un pouvoir vibratoire, telle une fascination exercée. La Lune diffuse sa lueur, sa magie, son attraction, son influence. Elle envoûte. Carte d'endoctrinement collectif. Lame de prolifération. Avec cette arcane, les maladies se propagent vite.

Les larmes ou gouttes d'eau semblent être aspirées par la lune puisque les pointes sont inversées et tournées vers le bas. Carte de pluie ou d'humidité. Carte d'extérieur.

Les tours sont carrées, solides et massives mais restent des constructions mentales. Elles représentent des remparts protecteurs aux dérèglements de l'imagination mais évoquent aussi le risque de s'enfermer dans le refuge de l'erreur pour échapper à la vérité. Schizophrénie. Claustrophobie. La tour reste quand même un lieu d'habitation et la carte symbolise alors le foyer. Vie de famille, hospitalité. Évocation d'un gardien de résidence, un concierge. Carte des métiers d'hôtellerie, de résidence hôtelière, d'aide sociale, de foyer d'hébergement, de maternité. On pense, avec cette lame, aux résidences en bord de mer, à une zone résidentielle à proximité d'une ville, à une ville-dortoir, à un pensionnat, une maison de convalescence, une maison de retraite. Grand domaine, et par extension, mégalomanie.

La tour de gauche est ouverte et plus éclairée et symbolise le tropique du Cancer. La tour de gauche est fermée et plus sombre et symbolise le tropique du Capricorne. Carte de pays sous les Tropiques.

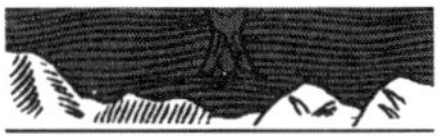

Le sol est chaotique et tourmenté. Des bases solides ne semblent pas figurer dans cette carte. Mauvaises fondations. Manque de structure. Lame de désordre. Paysage accidenté.

Les chiens qui hurlent à la lune évoquent les coups de cafard, des tensions émotionnelles et la perte de la joie de vivre. Carte d'angoisses. Ils symbolisent les instincts primitifs. Carte qui rappelle les animaux domestiques, les éleveurs.

Le bassin représente un trou (symbole de l'utérus), une possibilité de « noyade » ou d'enlisement. Carte de marécage. Mare, étang, lac, point d'eau, piscine. Le graphisme de la lame rappelle une fontaine statuaire au centre d'une place.

L'eau du bassin est stagnante (on peut penser à un miroir). Fermentation. Carte de laxisme, de laisser-aller, fuite, abandon ou négligence. Image de gestation. Passivité et lymphatisme. État de latence. La carte évoque le cycle menstruel de la femme. Importance de l'eau : mer, rivière, fleuve et encore tout liquide. Région très arrosée ou irriguée. Métier en rapport avec les liquides ou la mer. La prédominance du bleu de l'eau représente la passivité, la paresse, le besoin de stimulation. Période d'incertitude.

L'écrevisse qui se dissimule (attention à la sournoiserie !) marche à reculons comme on peut nous-même regarder vers notre passé. Symbole du signe du Cancer, du signe d'eau. Valeur d'enfance. Carte d'émotion, d'inspiration et de clairvoyance. L'analogie avec le signe du Cancer rappelle l'estomac et l'appétit, la voracité, la gloutonnerie, la boulimie. Elle évoque la peur.

L'image de l'écrevisse dans le bassin, alors que c'est la lune qui devrait s'y refléter, laisse présager un mirage, une erreur, un faux-semblant. Visions et fantasmes.

**En situation, La Lune représente :**

- la lune
- un profil humain
- un bassin rectangulaire
- une écrevisse
- un ou des chiens
- hurlements à la lune
- des habitations
- des tours
- le crépuscule
- l'obscurité
- la nuit
- s'endormir
- le sommeil
- l'imagination
- le rêve
- symbole féminin
- mère au foyer
- ménagère, femme d'intérieur
- caractère instable
- un être lunatique
- un être influençable
- un reflet
- une illusion, la non-réalité
- un mensonge
- idée chimérique
- le signe astrologique du Cancer
- les seins

– l'estomac
– la fausseté
– duplicité, tromperie, abus
– le doute,
– l'instabilité psychique
– la cyclothymie
– fécondité
– l'inconscient
– forte imagination
– illogisme
– un esprit végétatif
– parasitisme
– chantage
– une cocarde tricolore
– une intensité, un pouvoir vibratoire
– diffuser
– magie
– l'attraction
– l'influence
– envoûtement
– endoctrinement
– prolifération
– les maladies contagieuses, contagion
– maladie qui amplifie vite
– les pleurs
– la pluie
– humidité
– s'enfermer dans l'erreur
– refuser ou nier la vérité
– schizophrénie
– claustrophobie
– un lieu d'habitation, le foyer
– la vie de famille
– l'hospitalité
– un gardien de résidence, un concierge
– métiers d'hôtellerie

– de résidence hôtelière
– aide sociale
– foyer d'hébergement
– maternité
– résidence en bord de mer
– zone résidentielle
– une ville-dortoir
– un pensionnat
– une maison de convalescence, une maison de retraite
– grand domaine
– mégalomanie
– pays sous les Tropiques
– angoisses
– mauvaises fondations
– manque de structure
– désordre
– paysage accidenté
– coup de cafard
– tension émotionnelle
– perte de joie de vivre
– instincts primitifs
– animaux domestiques
– un éleveur
– un bassin
– un trou
– l'utérus
– noyade
– enlisement
– un marécage
– mare, étang, lac, point d'eau, piscine
– fontaine statuaire au centre d'une place
– eau stagnante
– un miroir
– fermentation
– décantation
– laxisme, laisser-aller

– fuite, abandon
– négligence
– une gestation
– passivité
– lymphatisme
– latence
– le cycle menstruel
– mer, rivière, fleuve
– les liquides, tout liquide
– région arrosée ou irriguée
– métier en rapport avec les liquides ou la mer
– la paresse
– besoin de stimulation
– période d'incertitude
– dissimulation
– sournoiserie
– marcher à reculons
– le passé
– l'enfance
– inspiration
– clairvoyance
– l'appétit
– la voracité, la gloutonnerie
– la boulimie
– la peur
– un mirage
– une erreur
– un faux-semblant
– visions
– fantasme

# LE SOLEIL

**Descriptif de l'image :**

La carte du Soleil représente un soleil à figure d'homme, de couleur jaune et présenté de face, qui occupe la moitié haute de la carte. Il darde ses rayons serpentés et fait tomber sur deux enfants (ou sur un jeune couple) à demi-nus, des perles d'eau. Les deux enfants aux cheveux clairs portant un pagne sont tournés l'un vers l'autre et se touchent : la main droite de l'un se pose sur l'épaule gauche de l'autre qui, de sa main gauche, effleure le torse du premier. Derrière eux, élevé sur le sol, un muret de brique surmonté d'un faîtage, les protège de l'extérieur.

Le numéro 19 de la carte évoque l'achèvement d'un cycle (le 10), auquel on ajoute le 9 (3 x 3), c'est-à-dire la grande harmonie. Lorsque l'on totalise 1 + 9, on obtient 10 qui est la perfection et l'achèvement.

Le nom du Soleil désigne l'astre du jour qui évoque l'individualisation et la création, la puissance, les honneurs et la gloire, ainsi que le sens artistique ou la beauté physique. La carte peut évoquer la planète du Soleil et l'été, les périodes de chaleur. Analogie avec le cœur et le système cardio-vasculaire en général.

Les enfants, des jumeaux (ou le couple), se regardent et paraissent confiants et heureux. Ils ont l'un envers l'autre un geste d'affection. Ils semblent unir leur force ou échanger leur énergie. Évocation d'une liaison heureuse, d'un couple uni, d'un bonheur certain. Mariage heureux. Dévouement. Joie et sincérité. Carte d'osmose, d'accord, de protection et de rassemblement. On imagine voir deux personnes se rencontrer sur un lieu de loisirs, de villégiature, de vacances, voire deux amoureux se promener le long d'une plage. Les personnages qui sont représentés ici occupent la partie basse de la carte. Ils ne sont donc pas de très grande taille ou alors, on peut les considérer comme deux êtres étant aperçus « au loin ». On évoque alors la photo de vacances, de classe, de famille, la photo dédicacée, la photo de mariage.

Le soleil dégage une certaine intensité vu le nombre de ses rayons. Sur le plan médical, la carte peut évoquer la transpiration, la fièvre, les brûlures, les insolations ou les coups de soleil tout simplement. Le soleil est de face et son action est franche et directe. Son graphisme occupe la partie haute de la carte, la divisant en deux moitiés, d'où l'importance de sa présence, de son éclat. Lorsque l'on rencontre cette carte, on peut prédire un séjour au soleil, partir au soleil, un pays du soleil, le Sud, les Îles. Un séjour ou un lieu de rêve.

Le visage au centre du soleil a l'air bienveillant et débonnaire. Il est joufflu et a un nez épaté. Les yeux sont rapprochés. Il semble gonflé à bloc comme un ballon, prêt à dispenser ce qu'il dispose et maintient. Carte d'abondance, de générosité. Bonne santé en général.

Les radiations du soleil amènent une immense clarté, un grand rayonnement, comme une vocation qui peut illuminer. L'action qui s'en dégage est bienfaisante. Diffusion harmonieuse sur les êtres. Bonnes relations sociales. Lame de mise en valeur. Fort pouvoir vibratoire, charisme, intensité de vie, intensité d'une relation, réussite sociale, vérité. Carte d'extraversion.

Les perles d'eau (ou les larmes) qui tombent du soleil proviennent directement des offrandes généreuses du soleil qui transpire. Cadeau ou cadeau de la vie. Carte de générosité et d'épanouissement. On visualise aisément deux enfants pataugeant ou prenant une douche après le bain de mer.

Le personnage de gauche évoque le principe actif ou masculin puisqu'il pose sa main sur l'épaule de l'autre. Ils évoquent à eux deux le mythe de Castor et Pollux et peuvent symboliser le signe des Gémeaux. Dualité d'un personnage, à l'instar des signes astrologiques doubles des Poissons essentiellement, de la Vierge et du Sagittaire. La main touche la nuque tandis que celle de son partenaire touche son cœur : évocation des principes de vie, de l'équilibre du corps et de la différence de sexe des personnages, l'un féminin et l'autre masculin. Le plexus solaire est le point d'ancrage des énergies mais aussi des angoisses. Cet individu paraît poser les pieds sur un monticule comme s'il devait s'élever pour atteindre la même hauteur ou situation que son comparse. Rivalité ou concurrence loyale. Notion de progrès.

Le personnage de droite représente le principe passif et féminin par son geste affectueux en retour et son attitude d'accueil. Carte de satisfaction et de contentement. Carte évoquant la fraternité, l'unisson, l'harmonie, la concorde.

Le pagne cache les parties sexuelles des individus et symbolise, par sa couleur bleue, la spiritualité. Les enfants sont demi-nus. On évoque alors les sous-vêtements, la pudeur, la chasteté, les couches-culottes, le maillot de bain, le monokini, mais aussi le bain de soleil, les séances d'U.V., le bronzage, et l'huile solaire dont les deux êtres semblent s'enduire. Onguent. Par extension, on « passe de la pommade », on flatte, on enjôle, on cajole. Carte d'aisance, d'insouciance.

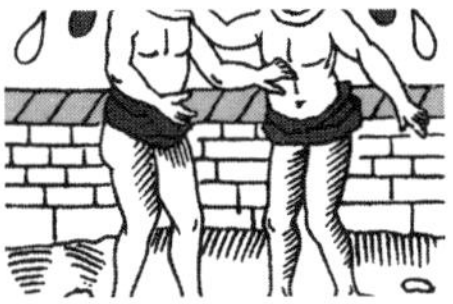

Le muret surmonté d'un faîtage semble protecteur, isoler les enfants qui jouent comme sur une terrasse, un balcon… Terrasse de café, point de rencontre.

**En situation, le Soleil représente :**

- un soleil
- des rayons
- deux enfants
- un jeune couple
- semi-nudité
- des cheveux clairs
- un pagne
- la perfection
- l'achèvement
- L'individualisation
- la création
- la puissance
- les honneurs, la gloire
- sens artistique
- la beauté physique
- l'été, la chaleur
- le cœur, le système cardio-vasculaire
- des jumeaux
- confiance
- geste d'affection
- unir des forces
- échanger des énergies
- une liaison heureuse
- un couple uni
- bonheur certain
- mariage heureux
- dévouement
- joie

– sincérité
– osmose, accord
– protection
– rassemblement
– se rencontrer, un rendez-vous
– un lieu de loisirs
– villégiature, vacances
– amoureux se promenant le long d'une plage
– petite taille
– êtres aperçus « au loin »
– la photo de vacances
– photo de classe, photo de famille
– la photo de mariage
– intensité
– transpiration
– fièvre
– les brûlures, les insolations, les coups de soleil
– présence
– l'éclat
– un séjour au soleil, partir au soleil
– pays du soleil, le Sud
– les Îles
– un séjour, un lieu de rêve
– air bienveillant et débonnaire
– être joufflu
– nez épaté
– des yeux rapprochés
– un ballon
– l'abondance
– générosité
– bonne santé
– immense clarté
– grand rayonnement, illuminer
– une vocation
– bienfaisance
– bonnes relations sociales

- mise en valeur
- pouvoir vibratoire
- charisme
- intensité de vie
- intensité d'une relation
- réussite sociale
- vérité
- extraversion
- offrande
- cadeau ou cadeau de la vie
- générosité et d'épanouissement
- douche
- le bain de mer
- l'épaule
- Castor et Pollux
- les Gémeaux
- dualité d'un personnage
- nuque
- plexus solaire
- le point d'ancrage des énergies
- angoisses
- rivalité ou concurrence loyale
- progrès
- l'accueil
- satisfaction
- contentement
- fraternité
- l'unisson
- l'harmonie
- la concorde
- les parties sexuelles cachées
- les sous-vêtements
- la pudeur, la chasteté
- les couches-culottes
- le maillot de bain, le monokini,
- le bain de soleil, les séances d'U.V., le bronzage

– l'huile solaire
– s'enduire, se badigeonner
– un onguent
– passer de la pommade
– flatter
– enjôler, cajoler.
– aisance, insouciance
– un muret
– une terrasse, un balcon, terrasse de café
– point de rencontre

# LE JUGEMENT

**Descriptif de l'image :**

La carte du Jugement représente un ange à quatre ailes, se plaçant de face, qui surgit d'un nuage en tenant à deux mains une trompette ornée d'un fanion frappé d'une croix et orientée vers le bas de la carte. Des rayons rouges et jaunes entourent l'ange dans sa nuée bleue. Sous lui, trois personnages dont deux nus, une femme et un vieillard, qui joignent leurs mains en regardant un troisième personnage émergeant, nu lui aussi mais de dos, d'une cuve ou d'un caveau ; on ne voit ni ses mains ni ses jambes.

Le numéro 20 de la carte évoque deux fois le cycle universel, deux fois le 10. Toutefois, 2 + 0 = 2, et l'ambivalence du 2 révèle une dualité, des forces qui s'opposent. La Roue de Fortune, avec son chiffre X, évoque une mobilité rapide ; ici, le chiffre XX soit le X redoublé, évoque une rapidité redoublée, soit une instantanéité. La lame est immédiate dans ses effets. Notion de l'instant.

LE NOM DE JUGEMENT désigne une action de juger mais aussi le résultat de cette action. Carte de jugement, d'examen, de mise en examen ou de mise au point.

L'ange auréolé a les cheveux blonds et bouclés. Son visage est éveillé, expressif. Ses yeux sont grands, avec des grosses prunelles. Ils sont vifs. Il regarde de face, ne considère pas les êtres qui sont placés sous lui. Il ne semble pas concerné par son action ; il paraît simplement porteur d'une annonce. Tel un speaker, un journaliste, un annonceur qui informe un public. Il n'est qu'un intermédiaire. Sa neutralité est telle qu'on peut lui attribuer, soit une esquisse de sourire, soit un air de compassion, en fonction des cartes qui l'entourent. Nouvelles, informations.

Ses larges ailes stylisées et très découpées sont grandement déployées. L'arrivée de l'ange est triomphante comme l'arrivée d'une surprise heureuse.

Le nuage est traditionnellement utilisé dans l'imagerie populaire afin de représenter l'apparition d'un être venu d'en haut qui perce la couche atmosphérique pour nous visiter. Ici, le nuage est bleu, plutôt sombre, comme si l'ange surgissait, telle une vision, trouait les ténèbres nous invitant au réveil. Carte qui fait voir juste, qui révèle. Sonnerie, réveil-matin, son strident, vibrations fortes… Notion de vocation, de métamorphose.

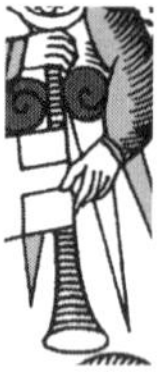

La trompette est symbole d'énergie, de libération, de réjouissance et de glorification. La trompette fait résonner une vibration qui annonce un événement comme un haut-parleur pour une voix ou une enceinte pour un son musical. L'ange semble avoir déjà soufflé dans cet instrument, avoir fini d'annoncer une bonne nouvelle (l'attitude des trois personnages évoque un remerciement). Carte de joie. Communication rapide : appel téléphonique, télégramme, visite impromptue. Annonce d'une mission, révélation, secret dévoilé, scandale. Un ingénieur du son, un animateur ou toute personne travaillant avec un micro. Concert, trompettiste, chanteur. Renommée. On peut voir ici un leader, un meneur avec un porte-voix soulevant le peuple. Soulèvement social. Manifestation. Défilé.

Le fanion est rectangulaire à fond blanc avec une croix jaune. Cette croix jaune ressemble fortement à celles qui surmontent les sceptres de l'Empereur et de l'Impératrice. En clignant des yeux, on s'aperçoit que la croix du drapeau surmontée du nuage bleu ressemble au symbole de Vénus (T). L'influence de la carte est plutôt heureuse.

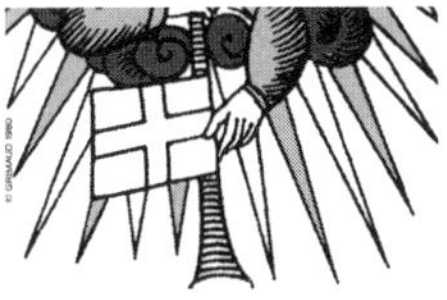

Les rayons sont alternativement jaunes et rouges et donnent l'impression d'un éclatant son émis. Le jaune est la couleur du soleil et le rouge celle du feu : le message délivré par l'ange a un retentissement brûlant, puissant. Les rayons peuvent aussi représenter un souffle d'air, une bouffée d'oxygène. Il y a vingt rayons, à l'instar du nombre XX de la lame. Du nuage émerge une vision rayonnante, comme le coup de foudre qui surgit d'on ne sait où et qui « nous tombe dessus ». Spontanéité et originalité. L'arcane XX est associé à Mercure ou à Uranus. Mercure pour la communication, l'annonce, l'information ; Uranus pour la soudaineté, l'imprévu, la nouveauté. La carte annonce par ce fait, mais aussi par son graphisme, des excès de nervosité. Carte d'invention, d'exploit. Notion de rayonnement, d'éblouissement, d'instantané, de flash, d'aveuglement.

Le sol jaune est tourmenté, chaotique. Les personnages ne dépassent pas sa ligne d'horizon et ont donc des difficultés à sortir des chaos de la substance terrestre.

Les trois personnages ont les cheveux bleus, ce qui dénote leur grande réceptivité à la spiritualité. Ils forment une Trinité. On ne voit pas leurs jambes. Leur nudité indique un retour aux origines. Ils semblent en prière ou en attitude de remerciement, de soulagement. On pense ici à une résurrection. Lieu d'apparition (Lourdes...).

La fosse (ou le tombeau) est profonde, rectangulaire, et de couleur verte. L'image de la mort n'est donc pas stérile : la couleur verte annonce une autre vie, ou une survivance.

La femme est tournée de trois-quarts et paraît être en adoration face au personnage central. Le vieillard présenté de trois-quarts incline ou lève un peu la tête vers le ciel, mais son regard adorateur est orienté vers le personnage central. Le personnage central, debout, à l'intérieur de la fosse verte, fait face au couple en nous montrant son dos. Il peut apparaître comme étant l'enfant du couple lui faisant face. Il ne semble pas concerné par notre dimension humaine, terrestre. Carte d'amour et de bonheur.

**En situation, le Jugement représente :**

- un ange
- un surgissement
- une trompette
- un fanion
- une nuée
- trois personnages
- une femme et un vieillard
- émerger
- cuve ou caveau
- rapidité redoublée
- instantanéité
- effets immédiats
- l'instant
- juger, un jugement
- un résultat
- un examen
- mise en examen
- mise au point
- cheveux blonds et bouclés
- visage expressif
- grands yeux vifs
- regarder en face

– porteur d'une annonce
– un speaker, un journaliste, un annonceur
– un intermédiaire
– nouvelles, informations
– arrivée triomphante
– surprise heureuse
– un nuage
– une apparition, une vision
– être venu d'en haut
– visiter
– percer
– le réveil
– voir juste
– révéler
– sonnerie, son strident, vibrations fortes
– un réveil-matin
– vocation
– une métamorphose
– une trompette
– une énergie
– une libération
– une réjouissance
– une glorification
– résonance
– un événement
– un haut-parleur
– une voix
– une enceinte
– un son musical
– un instrument
– annoncer une bonne nouvelle
– un remerciement
– la joie
– visite impromptue
– communication rapide
– appel téléphonique, télégramme, télécopie

– une mission
– révélation
– secret dévoilé, scandale
– un ingénieur du son
– un animateur
– toute personne travaillant avec un micro
– concert
– trompettiste
– chanteur
– renommée
– un leader, un meneur
– un porte-voix
– soulèvement social
– manifestation
– défilé
– influence heureuse
– son éclatant
– retentissement brûlant, puissant
– un souffle d'air, une bouffée d'oxygène
– vision rayonnante
– le coup de foudre
– surgir d'on ne sait où
– tomber du ciel
– spontanéité
– originalité
– Mercure
– Uranus
– la soudaineté, l'imprévu
– la nouveauté
– excès de nervosité
– invention
– exploit
– éblouissement, aveuglement
– flash
– instantanéité
– rayonnement

– réceptivité à la spiritualité
– La Trinité
– la prière
– soulagement
– une résurrection
– lieu d'apparition (Lourdes...).
– une autre vie, une survivance
– un regard adorateur
– un couple et leur enfant
– amour
– bonheur

# LE MONDE

**Descriptif de l'image :**

La carte du Monde représente une femme nue, parée d'une grande écharpe fluide, dansant dans une guirlande de lauriers. Elle tient dans la main gauche une baguette terminée par une boule et dans la main droite une fiole. Debout sur un pied posé sur un support, elle semble évoluer gracieusement au milieu de cette ellipse. Aux quatre coins de la carte, sont dessinés un ange avec une auréole et trois animaux : un aigle auréolé perché sur un nuage blanc, un lion, présenté de face avec une auréole et un bœuf ou un âne, voire encore un cheval dont la tête est tournée vers la gauche - lui, n'ayant pas de nimbe. La carte est très bien composée et symétrique. Par cette recherche d'harmonie graphique, elle évoque l'ornement, la décoration, un décorateur, l'image, l'illustration.

Le numéro 21 de la carte évoque le 20 + 1, soit le début d'un nouveau cycle qui dissipe l'ambivalence et la dualité. 21, c'est aussi 3 x 7, soit la triplicité du triomphe dans le plan matériel.

LE NOM DE MONDE désigne un ensemble formé par la Terre et les astres, mais c'est aussi la totalité des choses et l'humanité entière. La carte du Monde concrétise l'évolution parfaite des autres lames du Tarot, marque leur aboutissement, couronne leur œuvre. Il s'agit ici de la plus belle carte du jeu. Lame de souveraineté. Notion de cosmos, de Terre, de monde lointain, d'étranger. On peut voir aussi une zone délimitée comme un pays, un département, une ville fortifiée, une île. La couronne peut symboliser un boulevard périphérique. Notion de rayonnement national ou international. Grosse ville ou capitale, chef-lieu. On peut penser à un organisme mondial.

Le personnage central semble androgyne : une tête masculine, des cheveux longs, des seins et des hanches rondes ; il tend davantage vers la féminité. Il danse gracieusement dans l'ellipse comme protégé de l'extérieur. Dans un sens négatif, on pourrait ressentir une certaine vanité et un certain orgueil chez cette femme. On pense à ces petites poupées qui dansent enfermées dans une bouteille, ou aux boules neigeuses qui enferment une figurine ou un monument. Vitrine. L'individu semble être mis en distance ; nécessité de s'isoler.

Son écharpe repose sur ses épaules et descend devant elle comme soulevée par le vent, cachant la partie sexuelle. La jeune femme danse, semble légère, gracieuse et libre. Notion de liberté, de compétence, de maîtrise, d'épanouissement, de bonheur et d'aisance. On pourrait penser à une personne qui fait des figures, comme un patineur. Patin à roulettes, rollers, roller skate, patinage artistique. gymnastique rythmique…

Sa main gauche touche la partie rouge de la couronne comme pour y puiser de l'énergie. Lame de réussite, d'éclat, de triomphe. Apothéose. Les bras ainsi disposés suggèrent un personnage qui pose comme modèle. Mannequin ou top model.

Le bâton est surmonté d'une boule. Il évoque les majorettes, les défilés militaires ou les jongleurs. Il peut figurer, par son graphisme, un pli roulé, tel un parchemin, tandis que le porteur de cette correspondance n'est pas sans rappeler l'envol, la course légère de Mercure. Arrivée d'un courrier.

La main droite tient assez légèrement une fiole. La jeune femme semble aimer le parfum et les produits de beauté. Égérie d'un créateur, d'un parfumeur. Idée de présentation de mode. Cette créature, ainsi magnifiée dans la couronne de lauriers, évoque une idole, une célébrité, un artiste. Notion de mondanités.

Les jambes, par leurs positions, rappellent celles du Pendu ou de l'Empereur. Une est repliée : le personnage simule donc une action.

Le support sur lequel repose le pied du personnage, l'élève. La jeune femme ressemble aux personnages posés sur un piédestal. Inaccessibilité. On divinise l'être que l'on encense, sans toutefois oser l'approcher.

La couronne de lauriers symbolise la récompense de tous les efforts, honneur et réussite, perfection dans l'universel, triomphe sur la matière. Carte de plénitude, de totalité. La couronne fait penser à un œuf et, avec le personnage en son centre, à un fœtus. Nécessité de se « recentrer », de se reconquérir, de s'identifier, de se retrouver.

La couronne de lauriers symbolise l'éternité, mais aussi la récompense de tous les efforts, la perfection dans l'universel, son triomphe sur la matière. Lauréat. En analogie avec une grande école, une académie. La couronne évoque la cellule, la cellule familiale, un domaine privé. Notion de propriété ou de club privés. Par son ovale, la couronne évoque une médaille, un bijou, un pendentif, un anneau, une boucle d'oreille, un médaillon, un camée.

La forme ovale de la couronne, n'est pas sans évoquer la bouche qui s'ouvre, pour faire une bulle, pour prononcer un « Oui ». En réponse à une question précise, si le jeu commence par Le Monde, on peut penser que le O du Oui apporte une affirmation, contrariée ou non par la ou les cartes lui faisant suite.

Les liens rouges de la couronne combinent un symbole d'union, de cohésion. Amour altruiste, universel. Action humanitaire, organisme humanitaire. Ils intensifient l'empreinte du chef-d'œuvre, de la perfection : estampille, sceau, label. En rapport avec les musées, la sculpture, le bas-relief, l'art statuaire, l'iconographie. Les liens accentuent la forme ovoïde de la couronne et on peut voir ici un ballon de rugby, entre autres. On peut voir aussi apparaître ici la représentation d'une couronne de Noël, d'autant plus que la carte du Monde suggère un achèvement ; par extension, achèvement d'une année, fêtes de fin d'année, Noël, réveillon...

Les quatre figures évoquent le quaternaire et la stabilité. L'aigle représente la sagesse. L'ange a un visage qui rappelle son appartenance à l'humanité. Le bœuf ou le cheval, voire l'âne, ne possèdent pas auréole ; il se situent donc dans le concret, concept accentué par la puissance brute. Le lion évoque une puissance intelligente.

**En situation, le Monde représente :**

- une femme nue
- une grande écharpe
- une guirlande
- la grâce
- une ellipse
- la symétrie
- l'ornement, la décoration
- un décorateur
- l'image, l'illustration
- le triomphe
- un ensemble
- la totalité
- l'humanité, l'Univers
- l'évolution parfaite
- aboutissement
- couronnement d'une œuvre

- souveraineté
- le cosmos, la Terre
- monde lointain, l'étranger
- une zone délimitée
- un pays, un département
- une ville fortifiée
- une île
- un boulevard circulaire ou périphérique
- rayonnement national ou international
- grosse ville, capitale ou chef-lieu
- un organisme mondial
- androgynie
- des cheveux longs
- seins et hanches rondes
- la féminité
- protection
- vanité, orgueil
- poupée
- boule neigeuse
- figurine
- monument
- vitrine
- mise en distance, mise à l'écart
- isolement volontaire ou subi
- mise en quarantaine
- le vent
- la liberté
- personne libre
- la compétence, la maîtrise
- épanouissement, bonheur
- aisance
- un patineur
- patin à roulettes, rollers, roller skate
- patinage artistique
- gymnastique rythmique
- réussite, éclat

– apothéose
– un modèle, mannequin ou top model
– une majorette
– un défilé militaire
– un jongleur
– un parchemin
– Mercure
– arrivée d'un courrier
– une fiole
– le parfum
– les produits de beauté
– égérie
– une présentation de mode
– magnificence
– une idole, une célébrité
– un artiste
– les mondanités
– une soirée
– un piédestal, mettre sur un piédestal
– inaccessibilité
– encensement
– ne pas oser approcher
– la récompense
– plénitude
– un œuf, un fœtus
– le centre
– se « recentrer », se reconquérir, s'identifier, se retrouver
– l'éternité
– un lauréat
– une grande école, une académie
– une cellule
– la cellule familiale
– un domaine privé
– un club privé
– une médaille, un bijou, un pendentif, un médaillon, un camée
– un anneau, une boucle d'oreille

– une ouverture
– une bulle
– un « Oui », une affirmation
– union, cohésion
– amour altruiste, universel
– action humanitaire, organisme humanitaire
– estampille, sceau, label
– un musée
– la sculpture, le bas-relief, l'art statuaire
– l'iconographie
– une forme ovoïde
– un ballon de rugby
– une couronne de Noël
– achèvement d'une année, fêtes de fin d'année
– Noël
– réveillon, fête
– le quaternaire
– la stabilité
– la sagesse
– le concret
– une puissance intelligente

## Le Mat

### Descriptif de l'image :

La carte du Mat représente un vagabond barbu présenté de profil bien que son visage soit tourné de trois-quarts, vêtu comme un saltimbanque avec un habit à grelots, tenant dans sa main droite un bâton de pèlerin et dans sa main gauche, une gaule posée sur son épaule soutenant une besace. Ce manant avance sur un sol tourmenté bien que poursuivi par un chien qui semble manifester sa présence en s'élançant contre sa jambe droite comme pour le retenir. Les griffes de l'animal, qui paraît doux, semblent être responsables du déchirement des chausses du Mat.

La carte n'a pas de numéro et peut se placer avant le Bateleur ou après le Monde. Si nous disposons le Tarot en cercle, le Mat côtoie de toute façon le Bateleur. Pourrions-nous alors octroyer au Mat le numéro 0 ou le numéro 22 ? Toutefois le 0 représenterait l'indéfini et le 22 l'au-delà… mais il se place préférablement à la fin du jeu – et sans numéro – car la carte représente la marche inéluctable de l'homme vers son évolution et permet le passage des lames majeures aux lames mineures qui évoquent l'homme dans son activité.

Le nom de Mat signifie, en vieux français et orthographié avec un « â », *mort.* tre mat, c'est avoir perdu, comme aux échecs, on ne peut plus quitter sa place sans être pris ! Toutefois, Mat peut aussi notifier quelque chose qui n'a pas de poli ou qui a été dépoli. Mais on appelle aussi ce Mat, le Fou… le fol, ce bouffon du roi, qui, sous une apparence niaise, se permet toutes les audaces en faisant montre de discernement et de sagesse.

La coiffe du Mat évoque un homme portant une cagoule… qui paraît s'enfuir avec le contenu de son maraudage sur son dos. On peut évoquer ici un cambrioleur, un pillard, un détrousseur, un pickpocket, un homme amoral ou malhonnête.

Le visage du fou semble indifférent à tout, calme et détendu et étranger aux contingences extérieures ; il poursuit son chemin sans se faire arrêter par quiconque voulant le retenir. Une certaine insouciance semble se dégager de cette carte. Il paraît se moquer de tout. Rien ne lui importe excepté sa propre aventure. Incertitude dans les engagements. Manque d'ordre ou inconscience, insécurité. Une certaine incohérence peut apparaître avec le Mat.

Le Mat semble avancer sans regarder où il va. Carte de hasard, de découverte et d'aventure. Nomade, routard, émigrant, idiot du village, randonneur, travailleur saisonnier. On peut discerner ici un abandon, comme l'homme qui quitte son foyer, qui quitte son emploi, qui se détourne de son passé.

Les grelots de la ceinture et de la collerette tintent à chaque pas, le distraient de ses desseins matériels et spirituels, et ce bruit le poursuit, l'empêchant de trouver le repos ; il est toujours obligé d'aller de l'avant. Ils empêchent le recueillement, l'introspection nécessaires. Originalité. Homme étourdi ou instable. Immaturité, frivolité. On peut supposer un déguisement.

La besace indique que l'homme transporte avec lui l'acquis ou les conséquences de ses activités physiques passées. Départ précipité, baluchon emporté, bagage léger. Pèlerinage.

La partie nue de la jambe du Mat démontre que la partie animale d'un individu peut se trouver dévoilée à tout moment. Blessure à la cuisse ou abcès. Vêtement déchiré. Fripes, haillons, guenilles, manque de soin physique.

Le chien établit qu'un reliquat des erreurs du passé talonne l'homme quoi qu'il advienne. Il symbolise la partie grossière ou rudimentaire de l'individu qui le poursuit. Le chien ne retient pas l'attention de l'homme ; celui-ci paraît inaccessible. Rien ne le retient ; professionnellement parlant, on peut évoquer ici un travailleur indépendant, une personne en ***free lance***, un pigiste, une secrétaire volante, un intérimaire. Individu qui travaille en déplacement.

Le Mat semble aller « là où le vent le pousse ». Badaud. Il vit l'instant présent. Personne indépendante. Le Mat ne semble pas suivre les avertissements donnés, n'est pas attentif aux conseils des autres. Il fonctionne selon ses impulsions, ses caprices. Égoïsme, individualisme.

Le bâton de pèlerin ponctue sa marche, la cadence, et indique ainsi qu'il reste en contact avec les forces de la terre. Déplacement ou départ, abandon d'une affaire ou d'une situation. Personne qui fugue. Être aventureux. Sentiments sans durée. En fonction des cartes qui le précèdent et si le Mat se trouve en fin de jeu, on peut deviser soit sur une intervention immédiate ou au contraire, une fuite, une dérobade, une échappée, une évasion.

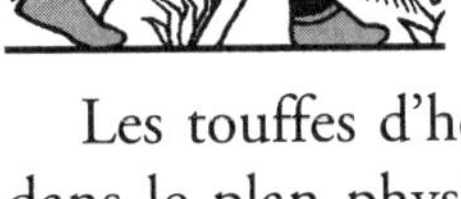

Le sol est tourmenté et prouve que l'homme traverse les difficultés de la vie. Carte de chaos.

Les touffes d'herbe verte confirment qu'une fécondité fleurit dans le plan physique. Les touffes d'herbe blanche démontrent qu'une fécondité s'accomplit dans l'abstrait.

**En situation, le Mat représente :**

- un vagabond barbu
- un saltimbanque
- un habit original
- un bâton de pèlerin
- une besace
- être accompagné d'un chien
- un accroc
- la marche inéluctable de l'homme vers son évolution
- perdre
- un bouffon
- sous une apparence niaise, se permettre toutes les audaces
- discernement
- sagesse
- une cagoule
- maraudage, un cambrioleur, un pillard, un pickpocket
- un homme amoral ou malhonnête
- indifférence
- être détendu
- être étranger aux contingences extérieures
- insouciance
- se moquer de tout
- rien n'importe
- incertitude
- manque d'ordre
- inconscience
- insécurité
- incohérence
- peut apparaître avec le Mat
- le hasard
- découverte
- l'aventure
- nomade, routard
- émigrant
- l'idiot du village

– un randonneur
– un travailleur saisonnier
– un abandon
– un homme qui quitte son foyer
– un homme qui quitte son emploi
– se détourner de son passé
– des grelots
– un tintement
– être distrait
– empêchement de trouver le repos
– obligation d'aller de l'avant
– empêchement de recueillement, de l'introspection
– originalité
– un être étourdi
– un individu instable
– immaturité
– frivolité
– un déguisement
– acquis ou conséquences de ses activités physiques passées
– départ précipité
– emporter ou faire son baluchon
– bagage léger
– pèlerinage
– la partie animale d'un individu
– blessure à la cuisse ou abcès
– vêtement déchiré
– fripes, haillons, guenilles
– manque de soin
– un chien
– le reliquat des erreurs passées
– un être inaccessible
– rien ne retient
– un travailleur indépendant, une personne en *free lance*
– un pigiste
– une secrétaire volante
– un intérimaire

- travailler en déplacement
- « là où le vent nous pousse »
- un badaud
- l'instant présent
- une personne indépendante
- raillerie des avertissements donnés
- non considération des conseils reçus
- impulsivité
- caprice
- égoïsme, individualisme
- un bâton de pèlerin
- la cadence
- déplacement, déménagement
- le départ
- abandon d'une affaire ou d'une situation
- un fugueur
- un aventurier
- sentiments sans durée
- une intervention immédiate
- une fuite, une dérobade
- une échappée
- une évasion
- traverser les difficultés de la vie
- le chaos
- fécondité

TROISIÈME PARTIE

# LA VOYANCE

# MISE EN SITUATION

**Attention : il s'avère important de disposer les cartes sorties, les unes à côté des autres, voire collées les unes aux autres ; cet agencement facilite la lecture de leur interdépendance.**

Avec votre jeu, recréez chaque série de cartes qui est commentée. En lisant les quelques explications apportées sous chaque groupe d'arcanes, imaginez les scènes comme si elles se déroulaient devant vos yeux. Voyez comment la carte de la Roue de Fortune peut en effet représenter une grande roue et comment la carte de l'Amoureux peut évoquer un petit groupe de personnes discutant près du manège en attendant leur tour.

En reconstituant chaque tirage expliqué dans les pages qui suivent, apprenez à ressentir le rythme des arcanes, voyez si le graphisme remplit ou non la carte, surveillez le regard des gens qui se font face et les expressions de ceux qui se tournent le dos, puis, en fronçant les yeux, rendez-vous compte de la répartition des « masses », des couleurs…

Surtout, observez le décalage qu'il y a entre les cartes ; elles ne se sont pas mises en place dans une rigide ordonnance lorsque vous les avez posées sur votre table : une lame a pu en chevaucher légèrement une autre, telle carte n'est pas disposée forcément droite comme un I mais peut être légèrement inclinée dans ce sens / ou dans celui-ci \ ! Ainsi, les mains ou les têtes des personnages peuvent se toucher ; l'Empereur, par exemple, peut s'asseoir sur les genoux de la Papesse (avec votre jeu, essayez de reconstituer cette scène !)… et comme autre exercice, je vous conseille de mettre en images du tarot, les proverbes ou des refrains de chansons que vous connaissez bien. Jouez donc avec votre jeu !

# AUTOUR DU BATELEUR...

Un couple et ses enfants partent en voyage, en vacances.
Une famille sur la route.
Un homme et une femme partent au soleil...

Un couple aux prises avec la justice.
Un couple en divorce, la femme prenant l'initiative.
Commerce qui prend fin (on signe l'arrêt).
Nouveau travail à contrat rigide...

Un fils séparé de sa mère, ou un orphelin.
Le travail s'arrête pour reprendre des études.
Une mère vient de perdre son fils...

Un groupe d'amis part à la fête foraine.
Un jeune amoureux part chercher fortune.
Rencontre avec un mécanicien…

Un jeune homme amoureux et dépendant.
Un amour éparpillé, un jeune homme épris de plusieurs personnes.
Un amoureux pris au piège… ou… une prise d'otages.
Un vendeur piège des clients… ou… bavardages qui entraînent une gêne…

Un sportif qui s'entraîne ou un jeune homme qui mesure sa force.
Entraînement d'un vigile et de son chien.
Un dresseur d'animaux ou un métier qui confronte au danger…

Retrouvailles entre un petit-fils et son grand-père... ou du fils et du père.
Un travail ancien offre de nouvelles possibilités.
Un travail qui s'achève, suivi d'un entretien.
Un jeune homme demande la main de sa bien-aimée...

Nouveau travail après une sortie d'embûches.
Retour à l'emploi après convalescence.
Guérison qui remet sur pied.
Réouverture d'un commerce après embellissement.
Entreprise de restauration de bâtiments ou restauration d'art...

# AUTOUR DE LA PAPESSE…

Rapport de force silencieux entre deux femmes.
Deux femmes d'âge différent s'affrontent pour le même homme.
Deux femmes se parlent sous le sceau du secret…

Une femme attend son train qui l'emmènera au soleil à l'étranger.
Une femme attend son chauffeur pour assister à une soirée mondaine.
Une femme attend au foyer son époux qui voyage…

Un homme rejoint une femme plus âgée pour former un couple.
Une femme attend un jeune homme pour s'associer.
Un commercial va faire un stage pour évoluer.
Un homme place de l'argent pour le faire fructifier…

La sagesse pousse une femme à dévoiler ses secrets.
Une femme consulte gynécologue et sage-femme pour sa grossesse.
Un homme débloque un conflit entre deux femmes…

Une femme, trop affairée, se voit obligée de tempérer son rythme de vie.
Une femme en attente d'une somme d'argent est obligée de « jongler ».
Une femme reste impassible face à un individu ou événement perturbateur…

Une femme enceinte s'impatiente de son état.
Sous une apparence réservée, cette femme est prête à commettre des excès.
Des projets tenus secrets se réaliseront au moment opportun…

Une femme cherche à communiquer mais la situation est bloquée.
Une femme cherche en vain à communiquer mais elle reste bloquée.
Une femme se fatigue vite de se mouvoir.
La mutation attendue ne se produit pas…

Un homme en divorce confie ses enfants à sa mère.
Une femme et ses enfants se sentent négligés par un mari travailleur.
Un jeune père laisse ses enfants au cours du soir.
Un laborantin confirme un test de grossesse…

# AUTOUR DE L'IMPÉRATRICE…

Une femme tranche une situation délicate.
Une femme inquiète se referme sur elle-même.
Une femme espère que la justice tranche un dilemme.
On rend le verdict d'une affaire embrouillée…

Une information doit être divulguée.
Une femme est inquiète des conséquences d'une communication.
Un homme sait qu'il doit maintenant parler…

Une femme enceinte doit se faire ausculter.
Un projet sera mené à bien avec charme et détermination.
Deux femmes d'âge différend dans la réalisation d'un projet…

Après une rupture un homme hésitant se manifeste sans conviction.
Une femme se désintéresse d'un homme instable.
Un homme indécis décourage une jeune femme…

Un boss, un commercial et une secrétaire.
Un compte rendu de travail.
Signature de contrat commercial.

Une femme très attachée ne peut se sortir de sa situation.
Une histoire sentimentale qui brasse toujours les mêmes problèmes.
Une femme qui ne peut se libérer d'une histoire forte mais frustrante.
La situation bloquée d'une femme séparée de ses enfants…

Un appel téléphonique qui ne donne pas satisfaction.
Un appel laissé sur répondeur-enregistreur.
Un appel sans réponse oblige à l'écriture d'un courrier…

Depuis un certain temps cette femme souffre de douleurs abdominales.

Des inquiétudes bloquent la ceinture abdominale de cette femme.

Une femme se ronge de jalousie.

Une femme prend de sévères mesures écrites...

# AUTOUR DE L'EMPEREUR…

Forte colère rentrée ou rage intérieure.
Équilibre financier qui s'effondre.
Un homme assiste à une exhibition sportive.
Mutinerie dans un établissement pénitencier…

Un homme abandonne son travail et train de vie.
Fuite en avant… ou… départ volontaire.
Perte de situation.

Un homme se fait sermonner.
Un homme est mis en examen.
Un homme cherche les conseils d'un sage avisé.
Remise de diplôme, de récompense…

Un homme amoureux d'une femme inaccessible.
Un homme reste éloigné d'une femme qu'il idolâtre.
Un homme enfermé dans ses projets ambitieux…

Un homme se détourne d'une situation bloquée.
Un homme se détourne d'une femme inabordable et impassible.
Trop de rigueur épuise…

Un pompier balaie les débris d'une déflagration.
Un homme renaît de ses cendres.
Un entrepreneur redresse sa situation professionnelle…

Un voyageur décide de se stabiliser.
Un déménagement prévu ne se réalise pas.
Un transporteur au chômage.
Problèmes de colonne vertébrale pour un homme qui conduit trop…

Rencontre entre un homme et une femme au cours d'une soirée mondaine.

Un homme et une femme trouvent leur harmonie… ou… relation osmotique.

Rapport de séduction entre un homme et une femme.

Signature de contrat avec une entreprise ou organisme international…

# AUTOUR DU PAPE…

C'est le temps qui apportera la solution d'un problème.
Réunion à but commercial qui portera ses fruits ultérieurement.
Professeur en cours de travaux dirigés.
Examen de paternité…

Mariage… ou… contrat de mariage.
Mariage et naissance de deux enfants.
Association fructueuse… ou… contrat fructueux…

Des grands-parents encadrant leurs petits-enfants.
Enfants dans une cour de récréation.
Présentation aux parents…

Une force tranquille exerce une heureuse action sur l'entourage.
Musicothérapie... ou... un professeur de musique.
Il est nécessaire de se « réveiller », de sortir de son train-train...

Un homme agissant sous le coup de l'impulsivité.
Un homme ne supportant pas une remarque qui lui est faite.
On décide de tout quitter sur un coup de tête.
La moralité n'est pas supportée par un être qui choisit la facilité...

Un contrat aux conditions modestes qui portera ses fruits à long terme.
Lente évolution prévue mais réalisable.
Une information sera divulguée aux personnes d'une même corporation...

Une vieillesse heureuse… une fin heureuse.
Une fonction du corps ralentit et finit par s'arrêter.
Fin d'un rassemblement religieux… ou… fin d'un concert…

Un éducateur pour jeunes délinquants.
Intervention d'un médecin lors d'une catastrophe.
Un crash financier prévisible.
Un bouleversement sera affronté avec une énergie débordante…

# AUTOUR DE L'AMOUREUX…

Un vigile et son chien dispersent un groupe de personnes.
Réunion ou exposition canine.
On lâche le chien après le cambrioleur…

Nécessité d'établir un bilan pour repartir sur de bonnes bases.
A trop hésiter on finit par ne plus savoir que penser.
Des complications entraînent une remise en question douloureuse.
Il faut changer sa façon d'agir ou de se comporter…

Voyage en groupe.
Garden-party.
Départ pour rejoindre famille ou amis dans le sud…

Soirée en discothèque.
Défilé de mode… ou… spectacle dansant.
Jury pour une élection…

Une personne qui se détourne d'un conflit.
Personne n'arrive à choisir… il n'y a pas de solution.
Fuite devant un problème.
Difficulté à s'engager…

Le conflit tourne toujours autour du même problème.
Prise de tête obsessionnelle.
Spectacle d'acrobatie… cirque… fête foraine…

Difficultés et acidités digestives.
Une personne interrogée dissimule fermement un secret.
Une association va considérablement nuire à quelqu'un.
Des craintes prennent de l'ampleur et paralysent la situation…

Une tierce personne séparant un couple.
Un couple se remémore leur rencontre.
Un couple en proie à des hésitations.
Un couple à la croisée des chemins, en remise en question…

# AUTOUR DU CHARIOT…

Un conducteur de train.
Un forain.
Un transporteur empruntant toujours le même circuit…

Un départ immédiat.
Une information provoque un départ.
Métier d'urgence… ou… intervention dans l'urgence…

Prévision d'un voyage à l'étranger.
Une longue tournée d'artiste.
Un homme assiste à une course automobile sur circuit…

Accident de voiture.
Panne de voiture.
Médecin ambulancier se rendant sur un lieu d'accident…

Agent de sécurité en ronde dans une cité.
Tournage d'un film avec cascadeurs.
Cirque en plein air…

Sur sa chaire, un professeur en plein discours.
Du haut de sa tribune, un ecclésiastique s'adresse à ses fidèles.
Annonce de l'arrivée d'un train en gare.
Homme politique en campagne électorale.
Prédicateur en plein discours…

Rencontre d'un étranger… ou… nouvelle rencontre.
Vente de voyages de groupes ou de croisières.
Un groupe se déplace pour un but professionnel…

Retour au foyer d'une femme instable ou d'une voyageuse.
Voyage à destination imprécise.
Une femme déménage pour vivre en bord de mer…

# AUTOUR DE LA JUSTICE…

Une femme souffrant d'embonpoint fait du sport pour s'affiner.
Une femme rigide s'efforce de s'assouplir.
Une femme silencieuse ou sans voix fait des efforts pour communiquer…

Une décision de justice créant une agitation.
Un groupe se heurtant à une situation bloquée va tenter une action.
Un groupe ne peut pénétrer un endroit fortement gardienné…

Intimidation.
Blocage absolu.
Arrestation, jugement, mise aux arrêts…

Fort militaire.
Ville fortifiée… ou… ville avec remparts.
Après avoir subi un choc une femme se mure dans son silence…

Évasion… ou… abandon.
Péter les plombs.
Un individu s'échappe d'une structure trop rigide…

Route barrée.
Un déplacement est limité.
Contrôle routier… ou… radar…

Un homme mis en accusation.
Un homme se heurte à une décision de justice.
Deux hommes en différend.
Deux hommes liés par contrat…

Vocation pour une carrière juridique.
Amour de la justice… ou… droiture.
Intégrité.
Besoin de clarté, de transparence, de loyauté…

# AUTOUR DE L'HERMITE…

Suspicion.
Intériorité et méditation.
Un vieil homme isolé scrute l'agitation au loin…

Homme sous surveillance médicale.
Examen spécialisé portant sur la nuque.
Lecture ou écriture d'une biographie…

Nouvel amour revigorant pour un homme d'un certain âge.
Un vieil homme sort de son isolement en gardant ses petits-enfants.
Un vieil homme espère ou attend la visite de ses petits-enfants…

Tour de contrôle.
Un homme guette les allées et venues autour d'un bâtiment.
Sur le lieu d'un accident, un homme observe l'arrivée des secours…

Organisateur de fêtes, de réceptions.
Organisateur d'événements.
Guide ou gardien de lieux touristiques…

Savant… ou chercheur… ou enquêteur.
Attente obligatoire.
Nécessité de garder le silence…

Avertissement.
Larcin repéré ou enregistré à la caméra.
Illusionniste sous les projecteurs…

Travail retardé.
Hiérarchie à respecter.
Pérennité d'une activité, d'une entreprise…
Contact difficile à établir…

# AUTOUR DE LA ROUE DE FORTUNE…

La fin justifie les moyens.
Gain important au jeu.
Entraînement intensif à la vente… ou… vente forcée…

Provocation qui incite à la rixe.
Pari… ou… mise au défi.
Un individu maîtrise très vite une situation.
Un individu sort rapidement vainqueur d'une opposition…

Engrais ou produit chimique pour favoriser la culture.
Repos mérité après une intense activité.
Zone industrielle à proximité d'une zone résidentielle…

Moulin à paroles… ou… pipelette.
On ressasse ou on remâche toujours les mêmes choses.
Réalisation d'un enregistrement sonore…

Faillite.
Arrestation et emprisonnement immédiat.
Attentat…

Mise en échec.
Arrêt d'un moteur, d'un mécanisme.
Jeu-devinette : « Dans quelle main ?… »

Fugace apparition.
Intervention rapide.
Brève représentation, sketch.
Flash spécial…

Tout ce qui est communiqué est consigné.
Prise de cours (enseignement).
Indications fournies.
Examen… ou contrôle de connaissances…

# AUTOUR DE LA FORCE…

Ranch ou ferme.
Déménagement ou déplacement en résidence surveillée.
Visite d'une réserve d'animaux…

Femme dominatrice et autoritaire.
Une décision est prise sans rémission.
Personnage dur et violent en paroles…

Une femme se dépouillant de ses biens.
Une femme se déshabillant.
Humilité nécessaire.
Une autorité éloigne un subalterne…

Acte sexuel passionnel.
Acte sexuel avec protection.
Pouvoir écrasant… ou forte volonté de pouvoir…

Déclaration d'amour.
Une femme avoue une liaison amoureuse.
Pose de congés…

Prise de poids.
Conflit de deux personnalités.
Reprise en main d'une situation difficile…

Passage de la petite enfance à la maturité.
Réalisation d'un idéal.
Un homme travaillant dur pour élever ses enfants…

Tentative de maintenir une situation… ou de rester sur le bonne voie.
Apprentissage de la conduite.
Maîtrise de véhicule.
Gardiennage, ronde, surveillance…

# AUTOUR DU PENDU…

Homme fortement attaché à un amour… dépendant d'un amour.
Homme séparé de ses enfants.
Deux enfants sous surveillance… ou sous tutelle…

Immobilisation forcée.
Pris en flagrant délit… ou pris sur le fait.
Intimidation…

Clôture de festival.
Fin de spectacle.
Réunion sans aboutissement…

Fracture ou accident au pied qui retient à la maison.
Dépression… ou pulsions, pensées suicidaires.
Convalescence…

Sortie d'embûches.
Désengagement.
Individualisme ou égoïsme qui ne favorise pas les attaches…

Vœux de prêtrise, vœux de religion.
Manque d'inspiration.
Arrêt d'une correspondance… ou… manque de communication…

Perte de procès.
Situation qui se dégrade.
Début d'une situation qui ne pourra s'épanouir…

Infidélité.
Trahison.
Attache ou dépendance sexuelle…

# AUTOUR DE L'ARCANE SANS NOM...

Chute entraînant fracture du pied.
Chute entraînant intervention chirurgicale au pied.
Désir de mettre fin à une situation pénible...

Un procès met fin à une situation trouble.
Perte de procès.
Foyer vide et triste...

Risque de maladie cardiaque.
Une communication, un échange est rompu.
Rupture...

Impuissance.
Échec.
Impossibilité de se dépasser…

Libération… ou une personne se sort de ses entraves.
Changement radical.
Une opération qui remet sur pied…

L'annulation d'un voyage est bénéfique.
L'annulation d'un voyage ne pose aucun souci.
Poser ses valises…

Une nouvelle rencontre entraîne un changement de vie profitable.
Nouvel amour.
Changement de milieu…

Médecin qui prescrit une radiographie.
Résolution de transformation.
On vous recommande d'arrêter votre projet…

# AUTOUR DE LA TEMPÉRANCE…

Perte de liberté.
Impossibilité d'avoir les coudées franches.
Perte de souplesse.
Extension impossible…

Une personne qui circule intra-muros.
Tour du monde.
Incessantes allées et venues…

Correspondance entre un homme et une femme.
Homme inquiet par l'attitude d'une femme indécise.
Réponse finalement positive…

Un homme et une femme se font la tête.
Un couple démotivé.
Un couple aux liens distendus…

Un homme attend l'attention d'une femme.
Un homme observe une femme qui s'est écartée.
Un homme sans nouvelles d'une femme…

Un employé attend l'aval de son supérieur.
Un employé essaie de se faire remarquer de son supérieur.
Un jeune homme essaie d'attirer l'attention de son père…

Hésitations sur hésitations.
Une réunion fait évoluer rapidement un projet.
Une association efficace…

Halte nécessaire.
Blocage momentané.
Rythme saccadé… ou irrégularité…

# AUTOUR DU DIABLE…

Exhibition.
Virulence, paroles violentes.
Endroit bruyant…

Violences physiques… ou agression.
Ordre de grève.
Mutinerie…

Conduite très rapide… ou déplacement urgent.
Conduite dangereuse.
Prise de risque…

Recherches scientifiques.
Détective privé… ou enquête.
Fouille…

Gain inattendu.
Gain au jeu.
Réussite rapide…

Photographie avec flash.
Sous les feux de la rampe… ou… sous les projecteurs.
Film tourné… ou séquence filmée…

Héritage venant d'une femme.
Don d'argent pour pays pauvre et chaud.
Convalescence ou repos après un trop grand stress…

Fécondité ou richesse intellectuelle.
Hyperactivité cérébrale créative.
Vice ou manipulation sous une apparente bienveillance.
Recherche d'un partenaire financier.
Besoin d'argent pour réussir une association…

# AUTOUR DE LA MAISON-DIEU…

Grande fête en extérieur.
Vernissage.
Mondanités…

Mauvaise nouvelle.
Information d'une catastrophe.
Décision brutale après hésitations…

État dépressif.
Rencontre néfaste.
Mauvaise influence…

Crise dans un couple.
Médecin affecté aux urgences.
Médecins sans frontières…

Panne de voiture.
Risque d'accident.
Bouchon… ou voyage perturbé…

Belle ouverture professionnelle.
Opportunités.
L'occasion fait le larron…

Adultère mal vécu.
Liaison non constructive.
Liaison décevante…

Défilé de mode.
Élection de Miss… ou concours de beauté.
Exposition d'art.
Artiste photographe… ou portraitiste…

# AUTOUR DE L'ETOILE…

Berceuse… ou musique douce.
Lieu de pèlerinage.
Bruits de la nature…

Examen de bonne santé.
Petit travail peu fatigant.
Acte rassurant…

Manque de travail.
Mise « au placard ».
Solitude.
Tristesse… ou ennui…

Un homme admiratif d'une femme.
Un homme qui aime les femmes de type méridional.
Un homme confiant… ou qui garde espoir…

La sensualité d'une brune menace la sérénité d'une femme blonde.
Deux femmes différentes de physique et de personnalité.
Accord écrit…

Guérison réussie.
Restauration ou réfection d'une maison.
Embellissement d'une maison ancienne.
Famille heureuse…

Manque d'énergie… ou faiblesse.
Manque de motivation.
Paresse… ou laisser-aller…

Vie au bord de l'eau
Balnéothérapie
Journées chaudes et soirées douces...

# AUTOUR DE LA LUNE…

Roue qui patine
Véhicule enlisé
Rouler sans but…

Œuvre sociale
Assistante sociale
Association caritative…

Résidence hôtelière
Maintenance dans une résidence hospitalière
Traitement de l'eau…

Voyance… ou bonne intuition.
Sage-femme.
Dame de compagnie…

Incommunicabilité… ou fermeture de dialogue.
Séparation entre un homme et une femme.
Couple en souffrance… couple en dépression…

Danger par l'eau.
Point d'eau dangereux.
Rêve artificiel (drogue, alcool…)

Enrôlement dans une secte.
Mauvais prêcheur.
Mauvaise influence… ou mauvais conseil…

Faire-part de grossesse ou de naissance.
Naissance heureuse.
Bonheur tranquille…

# AUTOUR DU SOLEIL…

Rendez-vous amoureux.
Visite d'un amoureux.
Rencontre heureuse…

Week-end heureux.
Voyage heureux.
Rencontre exceptionnelle…

Jeune femme surveillant ses enfants.
Jeune fille au pair.
Grossesse multiple…

Lettre d'amour.
Déclaration d'amour.
Invitation…

Une tierce personne séparant un couple uni.
Un nouvel arrivant.
Effectif qui augmente…

Un couple idéal.
Bonheur d'un couple avec enfants.
Entente parfaite…

Peur de l'engagement.
Faible investissement.
Mise perdante…

Perte de tranquillité.
Voisinage bruyant.
Harcèlement.
Mauvaise fréquentation…

# AUTOUR DU JUGEMENT…

Effraction.
Explosion.
Tremblement de terre…

On vous donne « le feu vert ».
Action immédiate après signature de contrat.
Ordre donné…

Clair-audience.
Bruissement de l'eau.
Électrothérapie.
Bain de minuit…

Surprise… ou étonnement (oh!).
Transcommunication.
Affirmation…

Accouchement.
Libération soudaine…
Liberté retrouvée…

Fracas retentissant.
Chant, cuivres et percussions.
Musique violente.
Improvisation…

Le choix est fait!
Résultat d'une élection.
Un appel qui libère…

Une personne pense à téléphoner.
Information retardée.
Communiqué encore gardé secret…

# AUTOUR DU MONDE…

Homme cherchant à se réconcilier.
Femme mise sur un piédestal.
Un homme et une femme se recherchent…

Grande puissance.
Rayonnement mondial.
Impact politique…

Palmes académiques.
Réussite à un examen ou… réussite avec mention.
Carte postale de l'étranger…

Cheminement vers une réussite totale.
Engrenage positif.
Facilité…

« On l'a échappé belle ! ».
« Ouf! ».
Personne mise hors de danger…

Amaigrissement.
Exercice pour amaigrissement.
Assouplissement…

Écriture vouée au succès.
Contrat favorable.
Prescription de cure…

Avoir plus grands yeux que grand ventre…
Satiété.
Excès néfastes.
Surexcitation…

# AUTOUR DU MAT...

Voyageur.
Transporteur.
Flottement...

Renvoi... ou mise à pied.
Licenciement.
Embauche dans une ferme...

Arrêt soudain.
Saisissement.
Décret ou verdict radical...

Départ à la guerre.
Rendez-vous chez un radiologue.
Élan contrarié…

Embrouille qui fait fuir.
Un homme esquive la dispute.
Un homme ne veut rien entendre…

Errance… ou vagabondage.
Folie.
Abandon.
Désintérêt total…

On court à l'échec.
Avertissement d'un échec… ou échec prévisible.
Échec évident…

Route bloquée.
Voie sans issue.
Douane…

# LE VÉCU DE LA CONSULTATION

L'assemblage des images d'un tirage du tarot ainsi que leur ballet et leur musique concertés forment un film à séquences fluides ou hachées. Mais il parle aussi d'une histoire dans son ensemble et dans ses détails et, peut-être plus encore, il traduit les causes et les conséquences que l'on n'avait pas soupçonnées. Le tarot peut lever le voile d'une affaire embrouillée simplement par un détail qui nous frappe et que l'on évitait de considérer.

Lors d'une consultation, il se passe des coïncidences tellement extraordinaires dans la perception d'une série de cartes qu'il est intéressant de développer le déroulement de l'analyse d'un jeu.

Vous allez trouver dans les pages qui suivent, des questions qui m'ont été posées, ainsi que le résultat de mon analyse confronté au vécu du consultant intéressé. Vous constaterez que je ne me contente pas spécialement de tirer 3 ou 5 ou 7 cartes... parfois, lorsque la personne me pose une question, je tire les cartes moi-même jusqu'à la fin de la question... sans concentration particulière, tout en tirant les cartes sur le rythme de sa voix. Voilà pourquoi vous trouverez des tirages inégaux ; mais qu'importe ! ils sont néanmoins valables puisqu'issus de mes années d'expérience. Disons que je travaille davantage, à ce jour, au feeling...

**Le tarot n'est jamais trompeur... seulement parfois, la vérité que l'on y discerne ne nous arrange pas... voilà pourquoi il ne faut jamais être indulgent avec ce que nous ressentons en premier jet ! Et lorsque nous nous perdons dans toutes les possibles considérations – ou interprétations –, il est extrêmement important de retourner à sa première sensation, à sa première vision.**

# ANNE ET SA SANTÉ

*Anne est venue m'interroger sur sa santé et son évolution. Les cartes sorties sont les suivantes :*

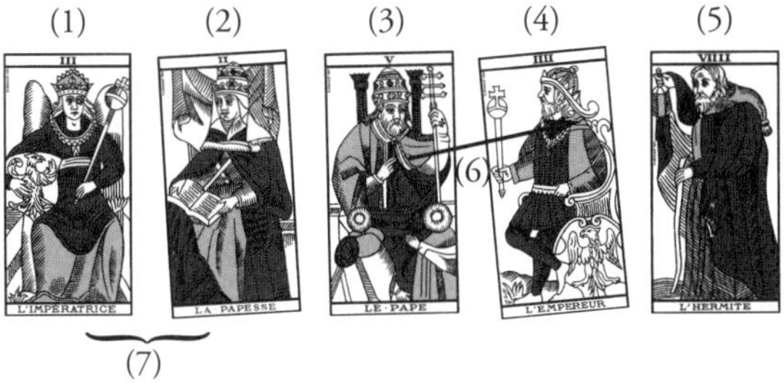


D'un premier coup d'œil, je constate que ce jeu ne comporte que des personnages. Ils semblent traiter d'une affaire importante puisque le jeu paraît statique : toutes les cartes sont « empesées » à la base par le bas des robes ou des toges des protagonistes, excepté pour l'Empereur. Dans ce problème de santé, beaucoup de gens – qui se consultent entre eux d'ailleurs – sont consultés… ! Je juge également que c'est une histoire qui concerne le passé puisque l'Hermite termine le jeu, englobant sous sa manche, l'histoire de la santé d'Anne…

L'ANALYSE : Dans le déroulement de l'histoire qui m'est racontée par les arcanes, je vois en l'Impératrice (1) Anne parlant au médecin qui est une femme (la Papesse lui faisant face !)

La Papesse (2) : le médecin écoute, mais ne pouvant faire grand-chose, dirige Anne vers un médecin spécialiste (le Pape).

Le Pape (3) l'ausculte. C'est un professeur, un chef de service, un enseignant. Il a une place d'autorité dans ce jeu qui lui est attribuée par sa position centrale. Il régente les opérations et envoie la jeune femme vers l'un de ses confrères, plus jeune (l'Empereur) (4), pour un examen approfondi.

L'Hermite (5) l'examine et, avec sa lanterne, scrute ou sonde un endroit bien précis : la base du casque de l'Empereur (6), d'où par extension, la base du crâne d'Anne ! On remarque que toutes les mains des personnages sont inactives. Les seules qui nous indiquent le problème sont : la main droite du Pape qui montre du doigt la direction du crâne de l'Empereur, et la main droite de l'Hermite qui met en valeur, en l'éclairant, ou en « mettant en lumière », le point crucial !

La position de l'Hermite en fin de jeu (5) donne l'impression qu'il clôture le dossier comme il clôture le jeu et qu'il abrite ou renferme sous son manteau le tracas de santé d'Anne, reléguant l'événement au passé en l'enfermant dans un tiroir sombre à jamais !

LA RÉPONSE : Il s'agit donc d'un problème de santé qui relève du passé et qui, à ce jour, est vraisemblablement terminé, classé ! Il n'y a aucune guérison et aucune aggravation. Plus d'évolution ! Il s'agit d'un ennui qui se situe sur la tête de la consultante mais surtout à la nuque. Le casque de l'Empereur cache le mal en question comme Anne doit cacher l'affliction.

Une impression supplémentaire m'apparaît avec le duo de l'Impératrice et de la Papesse (7) : je demande à Anne si elle a noté dans son enfance, l'importance d'un « secret » chuchoté entre sa mère et sa grand-mère, ou entre femmes. Elle me précise en effet avoir entendu, alors que deux femmes parlaient à couvert, que sa grand-mère était morte d'une tumeur au cerveau.

LA RÉACTION : Anne a en effet commencé à perdre ses cheveux et a dû consulter de nombreux médecins pour stopper le mal et en trouver la raison. Rien n'y a fait. La situation ne peut s'aggraver puisqu'elle n'a plus de cheveux. Hélas, ils ne repoussent pas ! Depuis bientôt six ans, elle porte une perruque surtout pour cacher des cicatrices noirâtres situées sur sa nuque, traces importantes de ses prélèvements médicaux.

# UNE INTERVENTION CHIRURGICALE

*Marie-Louise rencontre un ennui suite à une intervention chirurgicale. Est-il possible d'y remédier? Les cartes sorties sont les suivantes:*

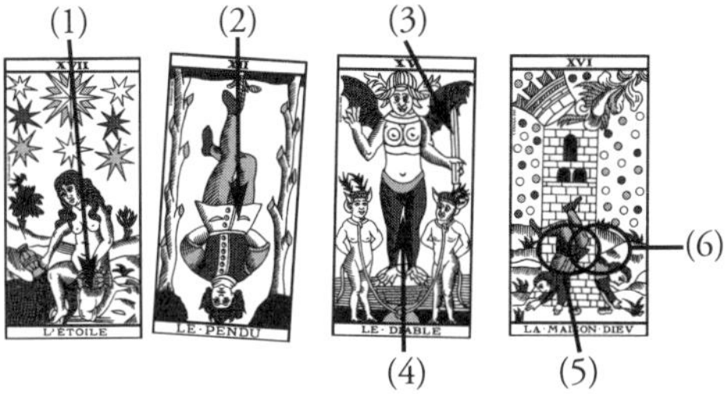


D'un premier coup d'œil, je constate que le jeu commence par une espèce de sérénité, de tranquillité ou d'insouciance (l'Etoile et le Pendu), pour terminer par une sensation angoissante avec le Diable et la Maison-Dieu! Déjà, la réponse ne semble pas positive...

L'ANALYSE: je constate que toutes les cuisses des personnages sont découvertes, tout du moins, elles apparaissent dans leur forme et non pas camouflées sous des robes ou des toges! La carte de l'Etoile me parle d'esthétique, de beauté, et vraisemblablement l'intervention devait réparer une malformation ou un aspect peu harmonieux des cuisses de Marie-Louise.

Celles-ci doivent être trop épaisses à son goût – observez les cuisses de l'Etoile (1) ! La jeune femme doit avoir du mal à les découvrir totalement (voyez la jupette du Pendu (2) !). Le Diable, avec son épée (3), agit ici en tant que chirurgien réparateur, d'autant que lui-même possède des cuisses fines (4)! Il semble d'ailleurs porter un collant gainant comme on pourrait l'imposer suite à une chirurgie plastique. Toutefois l'opération a laissé des séquelles – la carte de la Maison-Dieu traduit une déception. On voit le premier personnage porter une jupette (5) et le second se cacher en partie (6) derrière la tour !

LA RÉPONSE : Marie-Louise tentera une seconde intervention pour réparer les dommages causés par la première (les deux diablotins attachés au Diable représentent les deux aliénations - ou opérations ! - de Marie-Louise par le chirurgien), qui seront hélas ratées puisque si le résultat de la première intervention est représenté par le personnage du premier plan de la carte de la Maison-Dieu (il n'a pas totalement découvert ses cuisses !), la seconde intervention évoquée par le personnage du second plan échouera, vu que celui-ci cache entièrement son bassin et ses jambes. Le résultat risque d'être bien pire encore !

LA RÉACTION : Marie-Louise, après avoir eu en effet un résultat catastrophique à une première opération de chirurgie esthétique, a tenté, avec le même chirurgien, une réparation. Elle porte encore pour deux semaines un collant gainant qui masque l'aspect de ses cuisses. Hélas, je ne vois pas de réparation efficace et je ressens même la jeune femme traumatisée par cette seconde séquelle. C'est surtout la situation du personnage du second plan cachant la moitié de sa silhouette derrière la tour qui me laisse présager le résultat catastrophique.

J'ai reçu hélas à nouveau, quelques mois plus tard, Marie-Louise qui cherchait un autre chirurgien pour tenter une ultime intervention.

# COMMENT VOYEZ-VOUS MON COUPLE ?

*Françoise est venue m'interroger sur son couple dans lequel elle ne sait plus évoluer. Voici donc une jeune femme qui ne me demande pas de lire l'avenir mais de décrypter la situation présente. Les cartes sorties sont les suivantes :*

(4) (3) (2) (1) (5) (6)

D'un premier coup d'œil, je vois une histoire qui commence et qui s'achève sur de l'inconsistant, du flou, de l'inconséquent. Le jeu semble n'avoir aucune assise !

L'ANALYSE : l'Hermite (1), séparant le jeu en deux parties, regarde le passé ! Il semble considérer que le couple de l'Impératrice et du Bateleur (2) s'est construit rapidement (le Jugement (3)), et sans fondement, mû par une illusion (la Lune (4)). Il est fort probable aussi qu'une grossesse inattendue (la Lune et le Jugement) les a contraints à vivre en couple ! L'Hermite dévoile ce fait que l'on a tendance à oublier ou que l'on ignore, tandis qu'aux yeux de tous, la famille semble unie (la carte du Monde (5)). La carte du Monde ainsi située derrière le dos de l'Hermite insiste sur l'étalage d'un couple heureux et uni. Néanmoins cela reste une apparence comme le sous-entend le Monde ! D'ailleurs, les deux arcanes qui terminent le jeu, l'Arcane sans nom et le Mat (6), installent bien le couple originel dans unc autre dynamique qui est celle de l'affliction... Les deux personnages ont en effet changé de look : on n'aperçoit plus deux jeunes gens candides et amoureux (2), mais on distingue nettement que l'un se dépouille, se décharne (l'Arcane sans nom) au profit de l'autre qui est bien en chair, insouciant et qui s'enfuit avec un paquetage contenant sans doute les biens physiques ou moraux de son conjoint...

LA RÉPONSE : j'annonce à Françoise que son couple s'est construit sur l'illusion et qu'il a vécu sur l'apparence. Sans doute étaient-ils trop jeunes et impatients de fonder une famille, mais très certainement une grossesse inattendue a accéléré le processus de vie à deux. Je préviens la jeune femme de leur séparation prochaine - le couple étant déjà en instance de séparation - tout en la mettant en garde sur un déséquilibre budgétaire. L'un des deux s'en ira en laissant l'autre avec les problèmes de circonstance, difficiles à gérer.

LA RÉACTION : Françoise s'est en effet mise en ménage avec Patrice parce qu'elle attendait un enfant. L'entente du couple a peu duré ; ils étaient ensemble sans l'être vraiment. Lui se passionnait pour le foot, les copains et la télé tandis qu'elle pouponnait, était repliée sur elle-même, silencieuse dans son cocon. Pas de dispute, seulement un grand vide ou une grande absence ! Elle a beaucoup maigri, lui s'est empâté. Elle se sentait de plus en plus misérable, lui devenait de plus en plus insouciant. Il désertait de plus en plus souvent le foyer et dépensait parfois en une soirée, la paye qu'il venait de rapporter, laissant Françoise sans le sou pour vivre et payer le loyer. (Dans l'explication de l'actualité de Françoise, on retrouve entièrement le schéma du couple Arcane sans nom + Mat !)

# VAIS-JE DIVORCER ?

*Suzanne me consulte pour faire le point sur sa vie affective. Elle me précise seulement qu'elle souhaite se séparer de Bernard. Les cartes sorties sont les suivantes :*

D'un premier coup d'œil, je remarque que Suzanne est enfermée dans une situation difficile de laquelle elle va avoir du mal à s'échapper ! Je vois cet homme et cette femme qui se regardent au travers d'un tissu de complexités tandis que la clôture du jeu se réalise avec une carte qui regarde de face : « Telle est la situation du jour, telle elle est, telle elle restera figée » semble-t-elle nous murmurer !

L'ANALYSE : j'observe que les personnages sont cloîtrés dans une série de cartes comprises entre la Lune et le Monde (1) qui déterminent le foyer et la famille ! L'Hermite (2) lève le voile sur cette situation en l'éclairant de sa lanterne. On note que l'Impératrice et l'Empereur se faisant face (3) évoquent Suzanne et Bernard qui s'affrontent au travers d'un déséquilibre financier et sexuel (le Diable + la Maison-Dieu). Il y a entre eux un enfermement passionnel et violent, bien que Bernard ne semble pas frapper son épouse puisque l'Empereur est « calmé » par la carte du Monde qui suit et, en quelque sorte, « arrondit » les angles… Suzanne, pour se sortir de cette situation, devrait « passer à travers » les cartes qui la talonnent, à savoir le Diable, la Maison-Dieu, l'Empereur, le Monde, l'Hermite et enfin la Justice. Que de barrages ! Les lames de l'Hermite et de la Justice verrouillent le jeu à double tour : Suzanne ne s'échappera pas. Avec cette dernière carte, j'imagine même la jeune femme avoir pris de l'embonpoint, semblable à cette Justice qui remplit l'espace en pesant de tout son poids ! Quant au divorce, il se fera, mais beaucoup plus tard. Il est représenté par la carte de la Justice qui laisse malgré tout un message d'espoir ; celle-ci apparaît toutefois après l'Hermite qui symbolise le temps. Si l'on considère que le centre du jeu (Maison-Dieu + Empereur) affiche le présent, on peut prévoir le divorce pour « après-après-demain »... considérant que le lendemain ou le futur proche est indiqué par le Monde (1re carte après l'Empereur), que l'après-demain ou le futur plus lointain est évoqué par l'Hermite (2e carte après l'Empereur), et que l'après-après-demain, ou l'avenir très lointain, est enfin signifié par la Justice (3e carte après l'Empereur)...

LA RÉPONSE : Suzanne aura bien des difficultés à imposer une demande en divorce puisqu'elle semble terrorisée par son époux qui « bloque » la situation. Il s'avère qu'il l'a trompée mais il ne veut surtout pas que la situation change. Suzanne ne doit pas bouger, pas même travailler et encore moins demander le divorce. Elle paraît même ne pas pouvoir sortir de chez elle, son époux l'obligeant à rester au foyer. D'ailleurs, Suzanne conduit-elle ? Je pense que non. Suzanne finira par divorcer dans quelques années...

LA RÉACTION : Suzanne a en effet été trompée par Bernard qui lui impose terreur et isolement en exerçant une pression étouffante. Bernard est violent dans ses paroles et dans ses actes, brutalité que toutefois, il ne retourne jamais contre elle. Mais cette femme est effectivement terrifiée et rêve de s'évader. Elle ne conduit pas, c'est vrai, et il lui est difficile de s'échapper sans qu'il le sache... et le simple fait de s'adresser à un homme de loi pour faire une demande en divorce lui paraît insurmontable.

# CHANGEMENT DE SEXE

*Marc me contacte à nouveau alors qu'il a en prévision une opération « importante » et voudrait en connaître l'issue : cette intervention se fera-t-elle, oui ou non ? Les cartes sorties sont les suivantes :*

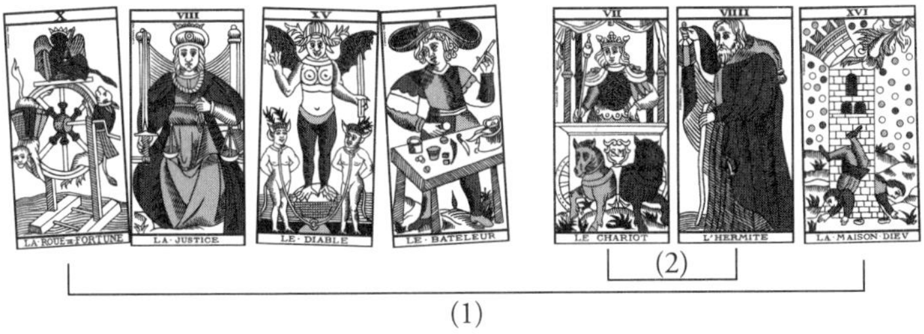


D'un premier coup d'œil, je comprends que l'obsession et la déprime l'emmurent comme la Roue de Fortune – qui tourne en rond – et la Maison-Dieu – d'où l'on dégringole dès qu'on veut aller trop haut – encadrant le jeu (1) ! Les cartes centrales (Diable, Bateleur et Chariot) semblent bien agitées et bien instables. La seule solidité dans ce jeu est représentée par la Justice (l'opération) et l'Hermite (le temps, la réflexion).

L'ANALYSE : Marc semble vivre une obsession (Roue de Fortune) secrète (l'imposante Justice cache la carte de la Roue aux lames suivantes !). Cette angoisse touche son équilibre (la Justice). Marc nous parle d'une opération chirurgicale que l'on voit effective avec les épées tranchantes de la Justice et du Diable. Le Bateleur regardant le Diable semble nous dire « le sexe est concerné par cette opération ! », et celui-ci, avec ses petits outils sur sa table, paraît agissant, intervenant dans cette affaire, tel un préparateur à l'acte chirurgical. Vu le nombre d'objets placés sur la table du Bateleur, on peut penser qu'il a une foultitude d'examens à effectuer. Le chirurgien n'intervient qu'avec la carte du

Chariot évoquant le médecin devant la table d'opération. On dirait que Marc doit se déplacer (le Chariot). l'Hermite annonce la lenteur des événements, mais grâce à sa position à côté du Chariot (2), je « reçois » une date : fin juillet – le 7e mois est suggéré par le Chariot qui porte le n° 7, et la fin, la terminaison du mois est évoquée par l'Hermite qui traduit la longueur du temps. Un peu à part, comme un fait extérieur, la Maison-Dieu devient prépondérante dans l'actualité et même le futur de Marc. Pour l'actualité : serait-ce sa déprime ? Pour le futur, serait-ce une opération à la tête (la foudre de la Maison-Dieu décapite la tour) ? Un scalp ? ou au contraire quelque chose que l'on va tenter d'introduire dans son crâne, tel le panache qui représente la foudre, pénétrant à l 'intérieur de la tour ?

LA RÉPONSE, m'adressant à Marc : « Je pense que cette opération va toucher vos parties génitales et que celle-ci semble délicate. Vous aurez pour cela à vous déplacer, faire de nombreux examens et la période de la fin juillet sera déterminante. Vous semblez être en proie à de nombreux tourments, comme lié à un secret et dans l'incapacité d'en parler. Vous frôlez la déprime. Toutefois, la réponse sera positive (les épées de la Justice et du Diable deviennent agissantes à côté du Bateleur qui entreprend l'acte). Dans un second temps, il y aura une autre intervention touchant votre crâne ou votre tête…

LA RÉACTION : Marc en effet porte un lourd secret : il ne se sent à l'aise ni dans son physique ni son rôle masculins. Il souhaite changer de sexe, mais il ne suffit pas de le vouloir et de le demander. Marc doit passer devant des commissions de médecins, se soumettre à des tests, procéder à des examens, prendre le temps de réfléchir, et s'il est jugé « apte », son vœu se réalisera. Il doit en effet venir à Paris fin juin et n'obtiendra une réponse que fin juillet. Il est vrai qu'il est dépressif. Quant à cette prédiction concernant son crâne, il confirme déjà penser à se faire implanter des cheveux puisque, à ce jour, il a une belle calvitie !

# UNE CRISE D'AÉROPHAGIE

*Muriel traverse une période de difficultés professionnelles et me consulte pour évaluer ses possibilités d'avenir. Les cartes sorties sont les suivantes :*

D'un premier coup d'œil, je ressens une totale insécurité : le rythme imposé par les lames est saccadé, je perçois des moments de souplesse (du Mat à la Tempérance (1)) et des coups de rigidité (du Jugement à la Force (2)). Le conseil apparent donné par le tarot indique qu'il faut bloquer la situation, résister (la Force en fin de jeu) !

L'ANALYSE : le Mat représente Muriel arrivant insouciante dans cette société. Immédiatement on lui « prend la tête ». Le duo de l'Amoureux et de la Lune (3) évoque un marécage grouillant ou ce que l'on appelle « un panier de crabes » ! Muriel y est tout de suite confrontée… bien que la Tempérance paraisse lénifier, en façade seulement, les relations entre collaborateurs. C'en est trop ! Muriel ne peut résister à tant de fausseté et elle craque. La suite d'arcanes : Lune, Tempérance, Jugement, Arcane sans nom, démontre bien la tension (la Lune) qui prend de l'ampleur (la Tempérance qui étend les bras comme si elle tirait sur un élastique) pour se déverser brutalement (Jugement + Arcane sans nom) ! Pour mettre fin à cette situation, il est nécessaire que

Muriel s'impose beaucoup plus fermement (la Force).
Dans un deuxième temps, je perçois un problème de santé, très certainement en corrélation avec cette difficulté relationnelle que Muriel est en train de traverser. Je soupçonne que ces démêlés lui provoquent des crises d'aérophagie. Les conflits (l'Amoureux) « la gonflent », lui congestionnent le ventre (la Lune), les ballonnements s'amplifient (le mouvement ascendant est traduit par le graphisme de la Tempérance qui démontre aussi l'importance de la ceinture abdominale). Le Jugement évoque le pet, le mouvement libérateur et sonore, tandis que l'Arcane sans nom témoigne du dégonflement. Hélas, une nouvelle tension contenue (imaginée par la Force) provoque un regonflement ; la bouche ouverte de l'animal suggère une aspiration d'air entrant directement dans l'abdomen féminin.

LA RÉPONSE : Muriel ne peut se sortir de cette impasse si elle ne s'impose pas comme personne plus forte, si elle ne se blinde pas par rapport à ces dissensions, jalousies, harcèlements... Elle devrait finir par y arriver mais cela passe obligatoirement par une métamorphose complète de sa personnalité (Arcane sans nom). Je lui fais part d'un problème de santé lié à cet affrontement professionnel qui se traduit par une guérilla intestinale.

LA RÉACTION : Muriel se sent en effet harcelée par ses collègues et par cette atmosphère putréfiant sa joie de vivre. Sachant qu'elle doit s'imposer très fermement pour faire cesser ce manège déstabilisant., elle avoue souffrir d'un grave problème de ballonnement.

# LE CIRCUIT

*Brigitte aime Bruno, mais leur relation amoureuse est-elle possible ? Les cartes sorties sont les suivantes :*

(1) (2) (3)

D'un premier coup d'œil, je constate que l'histoire de ces deux-la est passionnelle, forte et destructrice.

L'histoire commence bien (Soleil + Monde), puis la zizanie secoue le couple (Diable + Amoureux + Jugement), pour les laisser k. o. et pantelants (Arcane sans nom + Maison-Dieu) !

L'ANALYSE : Les deux personnages du début, c'est-à-dire le couple en question représenté par le Soleil (1re carte), se trouve démantibulé (la carte finale de la Maison-Dieu avec les deux personnages disloqués) après un temps X, temps annoncé par les 5 cartes qui expliquent l'événement qui s'est produit ou le gouffre qui les sépare. Reprenons : les cartes du Soleil et du Monde (1) annoncent un couple tranquille et sans histoire. Un troisième personnage surgit (le Diable) et provoque une prise de tête (l'Amoureux) (2). La carte du Jugement fait entendre les éclats de voix de la dispute. Ils parlent rupture, ils rompent même, ce qui les laisse démontés, effondrés, avec l'Arcane sans nom et la Maison-Dieu (3).

Je perçois une deuxième lecture de cette aventure : cette rupture s'est produite lors d'une manifestation sportive houleuse !

Il m'apparaît en effet y avoir foule (Soleil + Monde) autour d'un circuit (le Monde). Les deux cartes côte à côte donnent l'impression d'un rassemblement qui grandit. Le soleil (carte du Soleil), la foule et la chaleur (le Diable et les cartes le précédant) excitent les gens qui se chamaillent, se heurtent (Diable + Amoureux + Jugement), ce qui crée un mouvement de foule (2). Quelque chose de soudain (Jugement) déclenche une rixe générale (3).

LA RÉPONSE : hélas, telle qu'elle est, leur histoire restera ! Brigitte et Bruno ne peuvent rester dans un amour tranquille (1). Ils sont trop sensibles aux intrusions ou pressions extérieures (2). La moindre déstabilisation les plonge dans un chaos sans nom. Le tarot ne permet pas d'espérer une issue satisfaisante. Au contraire, si l'on forme une boucle en rapprochant la dernière carte de la première, c'est-à-dire la Maison-Dieu du Soleil, on voit les deux personnages de la Maison-Dieu se remettre sur pied (carte du Soleil), être un temps sereins puis à nouveau se disputer, se séparer. Si le jeu s'était achevé par l'Arcane sans nom, j'aurais pu prononcer une rupture saine, une histoire qui s'arrête et qui laisse place nette pour un autre amour, une autre relation. Or, dans ce présent panorama, on ressent bien que, derrière la rupture ou pseudo rupture, le couple n'en n'a pas fini de se heurter, de s'affaiblir ! Je ne vois aucune possibilité de sérénité dans cette relation et à la place de construction, je parlerais de destruction.

LA RÉACTION : Brigitte ne se sent pas en sécurité avec Bruno ; il ne reste jamais en communion quand ils sont ensemble, il est toujours à l'affût de ce qui se passe à côté d'eux. Il la mêle sans cesse aux copains (bagarreurs), il ne peut supporter longtemps un tête-à-tête. Il a vite besoin des autres et de l'extérieur. Effectivement, ils n'en sont pas à leur première séparation. Ils reproduisent chaque fois le même scénario.

# UN DÉPART POUR L'ÉTRANGER

*Maurizio me consulte pour son avenir professionnel. Que va-t-il devenir ? Les cartes sorties sont les suivantes :*

D'un premier coup d'œil, je cerne l'issue positive (Pape, Etoile, Jugement) et je constate que Maurizio en a déjà sa petite idée (l'Hermite finalisant le jeu, soulevant nonchalamment sa lanterne qui éclaire les cartes précédentes et qui semble penser « je sais ! »).

L'ANALYSE : je ressens Maurizio couper ses racines ou ses attaches (Arcane sans nom + Pendu) (1), se libérer de ses entraves (Mat) pour courir le monde ou partir à l'étranger (Mat + Monde (2)). Il semble vouloir se fixer légalement (le Pape), et travailler dans le domaine artistique (l'Etoile). Tout autour de l'Etoile, modèle de féminité, il semble y avoir une multitude de flashes (3), un peu comme celui du Jugement (le rayonnement autour de l'ange y fait penser !). Je ressens alors un éclairage venant d'en haut ou une forte lumière éclairant des nudités, telle la carte du Jugement. La notion de photographie est apportée par l'Hermite et sa lanterne ; son graphisme ressemble à l'homme qui, autrefois, se cachait la tête sous une toile pour photographier un sujet avec un appareil monté sur un trépied.

LA RÉPONSE : Maurizio a besoin de se libérer de son passé, voire de tout quitter, pour laisser exploser son talent ! Il avait certainement jusqu'à ce jour, été entravé dans un carcan lui ôtant toutes ses possibilités. En s'échappant, il abandonnera ses proches mais il se trouvera, se recentrera (le Monde). Cet homme va certainement se lancer dans ce qu'il a toujours rêvé, s'adonner enfin à sa vocation (le Pape) qui est la photo. Plus que le paysage, c'est le portrait, et surtout la féminité qui semble l'attirer. Toutefois, je le ressens prendre des photos « d'en haut », comme s'il surprenait des gens, les photographiant à leur insu (la tête de l'ange sortant des nuages de la carte du Jugement ressemble à un homme qui épie du haut d'un mur). Je pense que Maurizio s'installera définitivement dans ce pays (l'Hermite) !

LA RÉACTION : ce jeune homme a dû se plier aux volontés de ses parents pour exercer un métier bien « rangé » alors qu'il ne rêvait que d'art et de grands espaces. Pas spécialement bourlinguer, mais au moins changer de continent. Il sait qu'il va partir et que, pour réussir, il ne devra pas se retourner. Il projette de s'établir photographe, faire du portrait, de la photo d'art et du reportage. Il a même pensé jouer au paparazzi (la carte du Jugement peut l'évoquer !). Effectivement, il a l'intention de s'installer à l'étranger…

# DIANE

*Diane cherche à comprendre le secret de son enfance; elle me consulte dans le but de comprendre ses peurs d'aujourd'hui. Les cartes sorties sont les suivantes:*

D'un premier coup d'œil, je perçois en effet que l'on tait fortement un secret à la jeune femme. Les cartes centrales le déterminent: le Pendu cache quelque chose derrière son dos, l'Hermite et la Papesse sont deux « muets » détenteurs de mystères. La carte prépondérante est l'Hermite qui éclaire de sa lanterne les recherches que Diane a entreprises depuis quelque temps...

L'ANALYSE: l'Hermite éclaire une partie de ce qui s'est produit: à mon avis, un bébé (Monde) a été conçu secrètement (le Pendu peut symboliser le fœtus et son cordon que l'Hermite ne dévoile pas) (1) d'un viol (Diable + Pendu). Sous mes yeux, avec cette ligne d'arcanes, se déroule soudainement l'avortement: Diane a 12 ans (le Pendu a le numéro 12), elle est étendue sur le lit, attachée, avec la tête qui pend hors du lit et ses cheveux mi-longs, épais et fort bruns sont rejetés en arrière (tout à fait l'image du Pendu!). Un gynécologue ou un médecin l'éclaire avec une lampe aveuglante (ici, on retrouve la position de l'Hermite) ; une sage-femme ou une mère (la Papesse) attend dans l'autre pièce (le manteau de l'Hermite ressemble à une cloison séparant la femme de la scène décrite précédemment) (2). Diane n'en a aucun souvenir, elle reste dans le trouble, le confus, l'impression vague (ici, la Lune). Sa seule solution pour s'en sortir : fuir (le Mat) !

LA RÉPONSE : Diane a dû subir un avortement volontaire et clandestin alors qu'elle avait 12 ans. Le traumatisme subi l'a obligé à occulter totalement l'événement. Aujourd'hui, il lui en reste une vague confusion, un malaise, qu'elle ne peut identifier. Jusqu'à présent, elle fuyait. Maintenant, elle semble chercher les ressorts de son mal-être avec l'Hermite et la Papesse (2) qui figurent une analyste (Papesse) effectuant des recherches, fouillant le passé (Hermite). Il est possible encore que Diane se fasse hypnotiser (1) pour mieux remonter dans ses méandres qu'elle veut impénétrables ; la position des arcanes XII et XIII côte à côte symbolise une séance d'hypnose…

LA RÉACTION : la jeune femme semble satisfaite de mon ressenti. Elle-même a déjà perçu une part de cette vérité avec les séances d'hypnose qui l'aident à remonter son passé et à fouiller ses anfractuosités. En interrogeant sa mère, elle n'arrive à aucun résultat, celle-ci gardant bien le secret. Le problème qui reste à éclaircir reste de savoir qui a abusé de et l'a engrossée ?

# DÉPART EN PAYS SURVOLTÉ

*Devant se déplacer professionnellement, Marc me consulte pour en connaître les conditions physiques et matérielles. Les cartes sorties sont les suivantes :*

(1) (2) (3)

D'un premier coup d'œil, je jauge un départ précipité pour l'étranger et de l'ordre à remettre sur place avant de rentrer ! Il y aura retour tandis que la situation ne sera pas tout à fait maîtrisée.

L'ANALYSE : la carte du Jugement accompagnée du Mat annonce le départ surprise (1), le départ précipité, tel un ordre (Jugement) qui incite un individu à faire un hâtif baluchon, à sauter dans n'importe quel vêtement et à prendre la route immédiatement (le Mat). La carte de l'Empereur me fait penser au métier de militaire portant l'image de la paix sur son dos ou dans son sac à dos (le Monde ainsi disposé derrière l'Empereur peut figurer cette métaphore) (2). Marc doit donc être dans l'armée, appelé à partir en pays étranger (le Monde). Le militaire le soldat, le guerrier, devra user de sa force (la Force) pour maintenir une situation chancelante (la Maison-Dieu) (3). J'ai l'image de Marc qui conduit un char (le Chariot) dont le déplacement fait trembler les habitations (la Maison-Dieu).

LA RÉPONSE : je ressens ce jeune homme partir très vite, dans l'immédiat, un peu comme s'il sautait dans un avion après avoir fermé la porte de mon cabinet. L'étranger est sa destination. Marc doit être militaire et va partir dans un pays qui frôle la guerre. L'armée présente là-bas intimidera, maîtrisera, évitera peut-être le conflit, l'affrontement. Le jeune homme conduira un char. Il reviendra en parfaite santé mais les hostilités du pays ne seront pas calmées.

LA RÉACTION : Marc en effet doit partir le lendemain pour un pays en effervescence qui fait la une des médias. La guerre est à la porte de ce territoire en souffrance et l'armée française envoie ses forces. Marc ne sait pas quand il reviendra, et même s'il reviendra !.. Marc conduit un char dans l'artillerie antiaérienne.

# L'ADULTÈRE

*Frédérique me consulte pour connaître l'évolution de sa relation avec Angelo. Les cartes sorties sont les suivantes :*

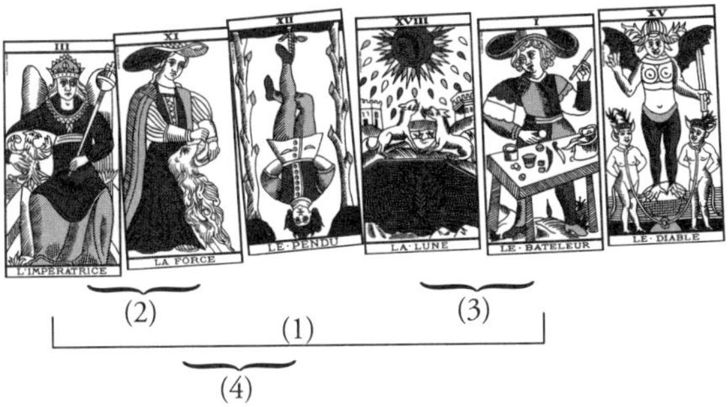


D'un premier coup d'œil, je ne vois aucune évolution à cette relation qui reste enfermée dans son schéma, sans progrès. Les cartes enserrées entre les deux personnages représentant Frédérique et Angelo (1), sont stagnantes (Force, Pendu, Lune). La carte du Diable est elle aussi statique : les diablotins sont assujettis fixement.

L'ANALYSE : tous les deux (1) se regardent au travers des cartes qui les séparent. Et les cartes qui les désunissent sont lourdes : la Force « pèse », le Pendu est un « poids mort », et l'eau stagnante de la Lune appesantit la situation. Avec la Force proche de l'Impératrice (2), on ressent Frédérique en demande amoureuse, en disponibilité, en ouverture (la gueule ouverte de l'animal se situe à la hauteur du ventre de la femme). Le Pendu si proche de la Lune (3) évoque le malaise, le manque d'érection (le Pendu) ou l'érection molle, voire le sexe qui s'engloutit dans la cavité féminine (le bassin d'eau de l'arcane de la Lune). Entre eux deux, il y a cette impuissance momentanée (Force + Pendu) ou ces difficultés physiques, sensuelles (3). La carte du Diable, surgissant de nulle part (elle n'est pas incluse dans la série de cartes encadrées par le couple (1)), mais terminant le jeu, se remarque par sa place influente et teinte le jeu de toute sa signification. Ces deux-là ont une relation exclusivement charnelle... bien que peu efficace et tourmentée ! Ils s'enlisent dans une intrigue difficile et vraisemblablement illégale - les cartes centrales (3), le déterminant.

LA RÉPONSE : ces deux amants sont dans une relation amoureuse et charnelle difficile, illégale et culpabilisante (leurs regards se cherchant au travers des pesantes difficultés les séparant). Très certainement, leur désir est contrarié par de lourdes frustrations et sûrement empêché par une espèce d'impuissance régnant sur leur histoire. Ils semblent être pris dans un étau, se retrouvant dans une situation sans issue. Ils ne pourront hélas que constater l'échec les opprimant.

LA RÉACTION : Frédérique et Angelo ont été une fois amants ! Étant engagés chacun de leur côté, ils échouent à chaque tentative de renouveler leur union. Frédérique se trouve dans une demande terriblement forte par rapport à l'impuissance d'Angelo ou face à ses « ratés » qui les empêchent de s'aimer. Effectivement, ils ne peuvent vraiment s'aimer mais ne peuvent se séparer.

# HERVÉ

*Inquiet pour son avenir, Hervé souhaite me consulter. Il me prévient que sa vie professionnelle est liée à sa vie sentimentale. L'arcane 14 tombe (hors tirage) alors que je repose mes cartes, je le place en dessous, au milieu du jeu. Les cartes sorties sont les suivantes :*

D'un premier coup d'œil, je vois un jeu d'une grande rapidité nécessitant toutefois un temps essentiel et indispensable d'attente, de conception, de maturation (les cartes centrales de l'Impératrice et de la Papesse). L'issue est positive.

L'ANALYSE : les trois premières cartes du jeu (Jugement, Monde, Etoile, me font tout de suite entendre une mélodie ; le Jugement est bruyant (l 'ange souffle dans une trompette), la Roue de Fortune tourne comme un disque que la jeune femme de l'Etoile écoute avec joie (derrière elle, un oiseau évoque le chant tandis que l'eau ruisselante émet un bruissement mélodieux !) (1). Je suppose donc ce jeune homme travaillant dans le milieu musical. La carte du Jugement souligne l'inspiration d'Hervé et, en proximité de l'arcane X, je ressens une inspiration soudaine (2). Il

entend d'abord la musique dans sa tête (1), puis il l'écrit (la carte de l'Impératrice le démontre). Je vois qu'une femme de son âge le convoite (l'Impératrice le regarde), mais entre eux (3), il y a la Papesse, qu'en revanche, Hervé couve du regard ! Hervé aime cette femme plus âgée (la Papesse pourrait être la mère du Bateleur !). La Papesse attend la conception musicale (Impératrice + Papesse) pour aller la vendre (Bateleur) à l'étranger (Monde). Le Monde et le Chariot (4) évoquent le voyage lointain. Le Monde représente le disque (par sa forme circulaire), le produit fini, et, côte à côte avec le Chariot, on peut concevoir que cette musique va être transportée hors de nos frontières. Les deux dernières cartes (4) laissent présager un succès, une tournée (le Monde et sa forme circulaire) promotionnelle (le personnage du Chariot, dans le cadre de la moitié supérieure de la lame, nous suggère l'exhibition d'Hervé derrière un écran de télévision).
Hors jeu, l'arcane XIV relie en effet les deux interrogations d'Hervé, professionnelle et sentimentale, tel le filet d'eau de la Tempérance qui passe sans fin d'un vase à l'autre.

LA RÉPONSE : « Hervé, vous semblez travailler dans le milieu musical, sans doute même composer ! J'ai perçu que vous pouviez écrire très vite suite à une inspiration soudaine. Je pense que vous intéressez une femme de votre âge mais que vous, Hervé, vous ignorez. Vous aimez une femme plus âgée ; il semble que cette femme attende votre « production » pour aller la vendre à l'étranger où elle sera assurément diffusée. Je vous assure un certain succès ; je vous vois entreprendre une tournée promotionnelle et être présenté aux médias, à la télévision. »

LA RÉACTION : Hervé est compositeur. Il écrit en effet très vite. Il aime sa productrice qui est une femme
plus âgée que lui. Elle est toujours très impatiente, très demandeuse de ses créations. La plupart de ses œuvres sont exportées, Hervé n'est pas encore connu en France. Dans son environnement, une femme espère de lui autre chose que de l'amitié mais Hervé ne s'intéresse pas aux jeunes femmes…

# ANNIE

*Annie est inquiète pour son avenir sentimental; son couple va-t-il évoluer? Les cartes sorties sont les suivantes:*

D'un premier coup d'œil je ressens une situation hypertendue et bloquée. Pas de dégel à l'horizon...

L'ANALYSE: la carte centrale étant la Justice, on ressent une très grande rigidité dans cette histoire. Dans la première partie du jeu (1), on remarque qu'il y a eu un problème (Maison-Dieu) de couple suivi d'une réconciliation (le Soleil). La carte du Pape, qui souligne en effet l'officialité de l'union, n'est pas sortie par hasard. Son importance dans ce jeu souligne - à mon avis - l'inquiétude d'Annie; en insistant ici sur la légitimité, on peut supposer son contraire, l'illégitimité. Annie s'étant présentée à moi comme une femme mariée, la carte du Pape, si elle n'avait pas voulu signifier quelque chose de particulier, ne serait pas sortie. Sa présence laisse donc présumer que le problème du couple a été la tromperie. Le couple s'en est remis (Maison-Dieu + Soleil), mais ces deux-là semblent ne plus communiquer, la seconde partie du jeu (2) le manifeste. Annie, représentée par l'Impératrice, et l'Hermite, symbolisant son époux (d'ailleurs plus âgé!) se regardent en « chiens de faïence », c'est-à-dire bien froidement! Entre eux, le Pendu... carte silencieuse et passive. Le regard d'Annie (l'Impératrice) semble épier les moindres battements de cils ou émotions manifestes de l'Hermite et l'Hermite paraît ne rien comprendre aux dires d'Annie (son regard est écarquillé). La situation du couple reste figée, glaciale, silencieuse, en totale méfiance.

LA RÉPONSE : Annie semble avoir été trompée au début de son mariage. Tout du moins, elle l'a pressenti, supposé. Le couple semble avoir passé ce cap, mais avec le temps, la situation s'est figée. Aujourd'hui, ils vivent dans une totale absence de communication, s'épiant l'un l'autre. L'époux paraît ne rien comprendre aux reproches qu'a pu lui adresser son épouse, il a dû nier et fait toujours semblant d'être victime des soupçons de sa femme, tandis qu'Annie ne s'est pas remise de cette trahison, de la mauvaise foi de Guy et aujourd'hui, elle se referme, se replie sur elle-même, s'isole. Elle regarde cet homme comme s'il lui était étranger. Hélas, je ne vois aucun changement possible à leur situation.

LA RÉACTION : Annie et Guy sont en effet très rigides. Tous deux d'ailleurs sont Capricorne, signes de terre. Lui est réellement plus âgé. Elle le soupçonne de l'avoir trompée alors qu'ils étaient à peine mariés et, pour s'assurer la paix de leur couple, elle a voulu éviter les discussions puisque Guy niait. Mais avec le temps, elle n'a pu oublier, sa souffrance s'est cristallisée et entre eux, une porte s'est refermée. Ils ne s'adressent presque plus la parole. Guy la fait passer pour une idiote, une femme malade d'esprit, tandis qu'Annie épie les moindres faits, guette ses moindres gestes. Elle ne cherche pas à se sortir de là, elle est comme tétanisée…

# LE DIVORCE EST DÉCIDÉ

*Suzanne, connaissant pourtant parfaitement sa situation de couple, me consulte pour connaître son évolution sentimentale. Les cartes sorties sont les suivantes :*

(1)

D'un premier coup d'œil, j'imagine une solitude présente et à venir pour Suzanne, je ne vois rien de bien épanouissant, si ce n'est la réalisation d'un événement décidé.

L'ANALYSE : la carte du Jugement annonce la décision de faire écrouler la structure ou construction qui était mise en place (la Maison-Dieu). L'Hermite, à ses côtés, démontre que cette situation a été réfléchie ou déjà prévue, pensée. Je ressens, par les deux personnages de la carte de la Maison-Dieu, que deux enfants sont déstabilisés par l'événement et par des propos ou disputes violentes (Jugement + Maison-Dieu) (1) dont ils sont témoins et observateurs (l'Hermite regardant la condition des cartes le précédant). Les enfants sont des filles (Justice + Impératrice). La fille représentée par l'Impératrice est volubile, elle pourra exprimer sa souffrance. Celle-ci regarde vers l'avenir (elle est placée en fin de jeu, vers une ouverture et son regard est tourné vers la droite, vers une suite possible. Elle est fine, souple, curieuse, vive et elle va s'adapter. La fille représentée par la Justice - c'est l'aînée : elle a le numéro VIII tandis que sa sœur a le numéro III -, a tendance à l'embonpoint. La Justice est représentée par une femme forte. Celle-ci semble enfermée dans son mutisme ; elle a le regard fixe, elle paraît muette, sans réaction. Elle taira son chagrin (l'Hermite la précédant, enferme dans son manteau, l'affliction symbolisée par la Maison-Dieu). Le jeu ne parle pas vraiment d'avenir, ou alors cet avenir reste très semblable au présent.

LA RÉPONSE : Suzanne semble être sur le point d'entamer une procédure de divorce ; décision mûrement réfléchie qui déstabilise ses deux filles, témoins des disputes et violences conjugales. L'aînée semble avoir pris du poids ou s'enfermer dans ses kilos, pour se protéger. Elle affiche ainsi une résistance passive, paraît rester assise à fixer la télé en se gavant de sucreries pour compenser (on imagine bien la Justice fixant l'écran télé avec un plateau-repas ; ses grosses joues rappellent celles des enfants avec de la guimauve plein la bouche). Plus tard, elle aura un regard dur sur les choses et les êtres. La seconde, plus vive et plus causante, se détache de cette lourdeur familiale. Elle est mince et intellectuellement active. Elle a déjà des idées sur ses études et son avenir. On dirait que Suzanne restera isolée, bloquée quelque temps (la Justice peut aussi évoquer cette situation), pour redevenir plus coquette (l'Impératrice), plus détendue, se tournant vers ses nouvelles chances d'amour.

LA RÉACTION : Suzanne a déjà pris contact avec une avocate qui connaît ses problèmes familiaux. Elle va demander le divorce. Ses filles sont bien ressenties, conformes à mon analyse. Son aînée ne déloge pas de devant l'écran télé, elle s'empiffre sans entendre les remarques que sa mère ou que sa sœur peuvent lui adresser. Sa seconde semble même ignorer la situation parentale, on la dirait peu concernée et on pourrait parfois jurer qu'elle en est inconsciente !

# FRANÇOISE ET SA VIE SENTIMENTALE

*Voir son avenir sentimental, tel est le désir de Françoise venant me consulter. Les cartes sorties sont les suivantes :*

(1) (2) (3)

D'un premier coup d'œil j'évalue une rupture et jauge que la situation est bloquée puisque l'Hermite ferme le jeu en jetant un regard fixe et fatigué sur le passé.

L'ANALYSE : les trois premières cartes (1), Soleil, Roue de Fortune et Jugement, démontrent qu'une histoire a commencé vite ou s'est terminée vite. La Maison-Dieu représente la rupture. On se rend compte ensuite que la jeune femme s'est attachée à la rupture (Arcane sans nom + Diable) (2), ou encore, qu'elle s'attache à l'échec (2), pour mieux s'isoler (le Monde). Les lames du Monde et de l'Hermite (3) évoquent Françoise s'isolant volontairement. A l'image de l'Hermite, elle se ferme complètement sur son passé.

LA RÉPONSE : « Votre histoire, Françoise, a dû durer très peu de temps ; un vrai feu de paille. Vite allumé, vite éteint ! Hélas, vous n'avez pas voulu faire le deuil de cette idylle, sans doute parce que vous étiez dans votre bulle sans avoir compris ce qui se produisait. Inconsciemment ou très consciemment, vous avez fait corps avec l'échec pour mieux vous isoler, vous renfermer, Vous restez complètement fermée sur le passé, sans vous ouvrir à de nouvelles chances pour l'avenir. Vous préférez scruter dans l'obscurité de votre vie, tentant d'éclairer faiblement les coins restés sombres de vos méandres intérieurs. Voulez-vous devenir nonne ? »

LA RÉACTION : le vécu amoureux de Françoise a été bref. Vite entamée, la romance s'est vite achevée. Elle s'est renfermée sur son échec qui lui est « tombé dessus » ! Aujourd'hui encore elle n'y a rien compris ! Elle cherche encore, toujours ! Elle ne veut plus se réinvestir dans une histoire amoureuse, s'aliène et s'amarre à sa défaite, surtout pour ne rien vivre d'autre !

# FRANÇOISE ET SA VIE SENTIMENTALE (SUITE)

*Après discussion, Françoise se détend et admet qu'autre chose peut survenir dans sa vie, si elle le décide. Nous cherchons donc à connaître l'avenir – et cette fois vraiment l'avenir – de sa vie sentimentale ! Les cartes sorties sont les suivantes :*

D'un premier coup d'œil, je vérifie que Françoise a été marquée par cette première déception. Sa vie sentimentale ne sera plus marquée par sa première légèreté ! Une autre romance naîtra, certes, mais elle ne se laissera pas déconcerter. Place à la réflexion, à la prudence et à une certaine gravité !

L'ANALYSE : avec le Mat, Françoise se détachera de son passé, s'en libérera sans se retourner ! Elle quittera son obscurité et ira enfin vers le soleil (le Soleil). Elle rencontrera un homme jeune et vieux à la fois (1) ; les cartes du Bateleur et de l'Hermite symbolisent un jeune homme au caractère solide, mature, style vieux garçon… ! Ce jeune homme l'observera beaucoup. Il cherchera à la comprendre. C'est une histoire qui durera (Bateleur + Hermite = le renouveau qui dure). Avec les cartes du Pape et de la Lune, on s'aperçoit que la jeune femme et son amoureux vivront légalement en couple (2) (le Pape donne un caractère légal au foyer représenté par la Lune), projetteront même de faire un enfant (le

Pape montre du doigt la gestation, l'enfant). Encore une pointe de rigueur : les deux cartes finales (3) annoncent que les finances du couple seront séparées (Justice + Diable = la Justice détache ou coupe le lien de ce que le Diable voudrait attacher ; la Justice est aussi équitable avec les deux plateaux de sa balance).

LA RÉPONSE : « Lorsque vous serez prête à entamer une autre vie sentimentale, vous rencontrerez un homme jeune, de type saturnien, assez solitaire, secret, réfléchi, même très réfléchi. Vous vivrez en couple, vous vous marierez sous contrat (la Justice évoque le contrat) de mariage, vous aurez un ou des enfants, mais vos finances resteront séparées. A chacun son compte… et les bons comptes font les bons amis !

LA RÉACTION : en attente de voir ce qui va réellement se passer, Françoise peut toutefois confirmer que sa volonté actuelle est de ne jamais mélanger les situations financières d'un couple…

# FRANÇOISE ET SA VIE PROFESSIONNELLE

*Maintenant, Françoise souhaite faire le point sur sa vie professionnelle. Les cartes sorties sont les suivantes :*

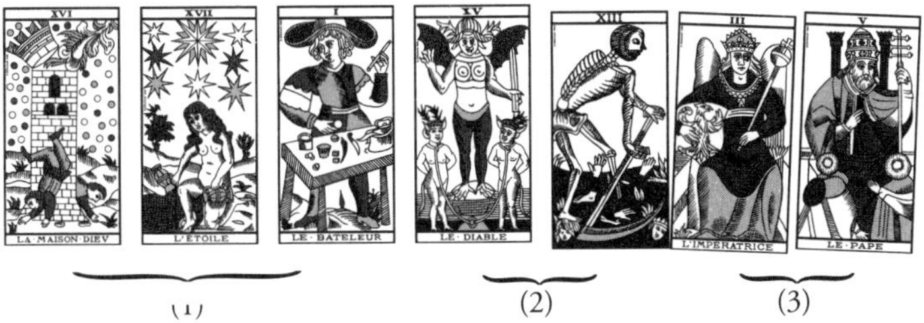


D'un premier coup d'œil, je remarque un virage à angle droit (Arcane sans nom) que suit un nouveau contrat (Impératrice).

L'ANALYSE : les trois premières cartes (1) déterminent un travail qui « soigne ». En effet, l'Etoile guérit les plaies de la Maison-Dieu. Ce job semble aussi « soigner » une blessure de la vie de Françoise en lui apportant de l'argent. Ce sont les lames du Bateleur (qui regarde de manière satisfaisante les cartes guérisseuses - les deux premières) et du Diable (qui symbolise l'argent) qui le déterminent. La carte du Diable à une place déterminante (au milieu) évoque les tensions ; on voit que Françoise est attachée à ce travail (les liens du Diable avec un diablotin proche du Bateleur), mais que les tensions la font craquer (un diablotin est attaché à l'Arcane sans nom) (2). Finalement, elle coupe le lien (l'Arcane sans nom) ! Un nouveau contrat (l'Impératrice) l'engage ailleurs officiellement pour longtemps (le Pape) (3)... Le Pape en fin de jeu lui donne espoir d'un avenir non angoissant (Impératrice + Pape = le contrat est solide !).

LA RÉPONSE : Cette jeune femme travaille dans le milieu médical ; ce job semble l'avoir sortie d'affaires, lui avoir ôté une belle épine du pied. Face aux tensions, elle a eu beaucoup de mal à chercher un nouveau travail, à se séparer du lien qu'elle avait avec cet employeur. Elle semble prête à être embauchée ailleurs, commencer prochainement… et pour longtemps.

LA RÉACTION : assistante dentaire, Françoise termine actuellement son contrat chez un dentiste qui ne reconnaît pas son savoir-faire et ses diplômes puisque cet homme est étranger. Par ses réflexions, il la blesse devant les patients et la remet sans cesse en cause. Elle a effectivement retrouvé un nouvel emploi, hélas en C.D.D.

Elle a fait appel au Conseil de l'ordre qui l'a placée chez Jean-Paul ; compatissant, le Conseil de l'ordre s'est comporté avec elle comme aurait pu le faire un bureau de placement, puisqu'ils ont également des problèmes avec ce dentiste étranger.

# FRANÇOISE ET SA VIE PROFESSIONNELLE (SUITE)

*La jeune femme souhaite développer la vision de l'avenir sur son nouvel emploi. Va-t-elle rester chez Jean-Paul ? Les cartes sorties sont les suivantes :*

D'un premier coup d'œil, j'envisage d'un autre virage à prendre (Arcane sans nom et Amoureux en place prépondérante) au bout de six mois (l'Amoureux a le numéro 6), pour débuter immédiatement un autre emploi.

L'ANALYSE : on retrouve le Pape pour commencer le jeu alors qu'il clôturait le précédent tirage ! La boucle est bouclée. Le Pape symbolise ce travail légal que Françoise va commencer sous peu et, en proximité du Diable, on ressent que Jean-Paul « attache » et « est attaché » à Françoise par contrat (le Pape officialisant le lien) ! Avec la carte du Chariot, on pressent que quelqu'un revient, reprend sa place, puisque la carte qui suit (Arcane sans nom) met fin à la situation évoquée par les lames précédentes. Encore une fois donc, nouvel arrêt ! Toutefois, la suite est active (2). L'Amoureux fait penser à une « passation de pouvoir », à une présentation : tu me quittes mais tu vas chez mon voisin, tu passes de l'un à l'autre… ! L'Amoureux évoque donc la proximité, le voisinage, les personnes qui se connaissent, ils appartiennent à un même groupe ou à une même famille. Ces « voisins » sont également dentistes (sur la carte de la Force, une bouche est ouverte, « tenue » ouverte, les dents sont exhibées !). Les deux dernières cartes (3) symbolisent le nouveau contrat de travail avec la Justice et le Bateleur.

LA RÉPONSE : « Votre contrat prendra fin avec le retour d'une personne qui recouvrera sa place. Il semble donc que vous remplacez quelqu'un. Je crois que votre employeur va vous présenter à d'autres membres de sa corporation, des gens qu'il apprécie. Vous devriez être immédiatement embauchée, ne pas rester dans une situation de chômage. Vous n'aurez aucune recherche personnelle à effectuer. Vous quitterez Jean-Paul dans six mois pour reprendre le premier jour du septième mois, chez ses confrères. Je ne vous vois pas avoir à vous déplacer géographiquement parlant (aucune carte n'indique le déplacement, la mouvance). Vous paraissez rester à proximité de votre futur lieu de travail. »

LA RÉACTION : Françoise remplace en effet une femme qui est actuellement en congé de maternité. Jean-Paul lui a fait un contrat de 6 mois. Cet employeur travaille en cabinet avec d'autres dentistes. Il est donc possible qu'elle passe d'un associé à l'autre ; toutefois le Conseil de l'ordre lui avait proposé cette place en attendant de pouvoir lui trouver une embauche plus stable.

# PATRICK

*Actuellement dans l'angoisse de son avenir professionnel, Patrick prend rendez-vous pour me questionner. Les cartes sorties sont les suivantes :*

(1) (2) (3) (4)

D'un premier coup d'œil je le ressens en « rupture » professionnelle. Rupture qu'il a l'air de très bien gérer. Un autre emploi l'attend de toute façon.

L'ANALYSE : Patrick, en « arrêt de quelque chose », contemple cette interruption comme s'il était encore concerné par cette condition, comme s'il en tirait, d'une certaine manière, une incontestable fierté. L'Empereur regardant avec beaucoup d'assurance l'Arcane sans nom (2) en témoigne. Les trois premières cartes du tirage (1) évoquent son précédent emploi. Il était tranquillement installé à ce poste et le travail lui semblait plaisant (l'Hermite et l'Etoile assurant cette quiétude). La Roue de Fortune éclairée par la lanterne de l'Hermite me fait penser à Patrick venant régler un rouage mécanique dans un lieu sombre et étroit. Il rompt son contrat parce qu'il ne s'entend pas avec son supérieur (2), homme rigide et froid (l'Empereur est entouré de l'Arcane sans nom et de la Force), qui sanctionne impitoyablement. Patrick sait qu'une autre place l'attend, mais il ne la regarde pas encore : il tourne le dos à la Force (3) ! La Force représente un job à construire, un job à « élever » ; il va se faire une place au soleil (Force + Soleil), dans un poste à responsabilité, poste d'encadrement et travail en duo (4). Dans cette nouvelle société, il se hissera au second rang (le Soleil) en dessous du P.D.G (3), à égalité avec un autre chef (Force + Soleil). Cet emploi l'équilibrera et il s'y installera avec puissance et autorité (Justice). Dans la globalité du jeu, on peut constater que Patrick avait « ramé » depuis le début de sa carrière (1) et que cette démission est la clé de voûte de sa brillante réussite professionnelle.

LA RÉPONSE : cet homme démissionne d'un job tranquille dans lequel il s'ennuyait sans doute. Il cherche à faire les choses proprement (Arcane sans nom + Empereur), même si son employeur ne lui facilite pas la tâche. Il avait affaire à un supérieur autoritaire et tyrannique. Il est encore tout occupé à cette démission mais reste confiant pour l'avenir puisqu'il semble disposer d'un prochain emploi duquel il n'a pas à se soucier. Il devra créer son propre poste dans une entreprise qui prend de l'expansion, il aura un poste de dirigeant et travaillera en parallèle avec un autre contremaître. Une nouvelle carrière s'ouvre à lui dans laquelle il réussira ! Autant sa vie professionnelle semblait inintéressante auparavant, autant son avenir semble favorablement l'équilibrer, le passionner et lui sourire…

LA RÉACTION : Patrick effectivement démissionne et cet acte lui vaut encore aujourd'hui quelques difficultés puisque son patron s'oppose à son départ. Il travaillait à l'entretien dans une Compagnie d'ascenseurs. Il va être réembauché dans une compagnie similaire. Lorsqu'il a signé son contrat, son futur employeur lui a aussitôt proposé de créer un second poste de contremaître s'il était satisfait de son travail. Ainsi, il ferait en effet partie du trio de tête de l'entreprise !

# UN MARI JALOUX

*Cherchant une issue à sa vie sentimentale, Anna me consulte. Les cartes sorties sont les suivantes :*

D'un premier coup d'œil je ressens le mari tourné vers une situation passée (l'Empereur le représente), et Anna tournée vers l'avenir (l'Impératrice). Ils n'ont plus grand-chose à se dire, ne sont plus sur la même longueur d'ondes.

L'ANALYSE : je discerne un mari jaloux (Empereur + Diable) (3) qui semble guetter un séducteur (le personnage du Chariot) circulant dans un proche environnement. La carte du Jugement semble être placée ici pour donner une notion de surprise ou de surprendre un fait. Peut-être est-ce aussi le détonateur qui ferait prendre une décision au mari ? Brusquement les quatre premières lames (1) m'éclairent : le mari épie quelqu'un qui « tourne » en voiture. On le dirait posté à sa fenêtre (comme si c'était sa principale occupation !), observant attentivement l'extérieur (l'Empereur a le regard fixe et paraît regarder à travers une loupe, la boule supérieur de son sceptre). Il surveille la voiture (le Chariot) qui sort de derrière le bâtiment d'en face (2) (le Chariot contournant la Maison-Dieu = la voiture qui contourne l'immeuble). Anna se met en distance (la Tempérance qui écarte les bras), elle est inquiète (le regard de l'Impératrice lève un regard soucieux vers l'Hermite qui ferme le jeu). L'Impératrice dirige ses yeux vers la lanterne, la lumière de l'Hermite, espérant y trouver une réponse. Les trois dernières cartes (4) traduisent l'isolement de la jeune femme qui réfléchit sur sa situation, sur elle-même et son avenir.

LA RÉPONSE : « Anna, je pense que vous avez dû susciter la jalousie de votre époux en accordant, sans doute plus qu'il ne le fallait, un intérêt à un jeune homme qui gravite encore aujourd'hui pas très loin de vous. Votre mari s'est enfermé dans sa jalousie et n'a plus d'autre objectif que de surprendre cet Autre en flagrant délit « d'intrigue » séductrice. Il vous a oubliée. Il semble tellement préoccupé par sa nouvelle « mission » qu'il pourrait précisément observer l'extérieur avec des jumelles ! Il n'y a plus aucune communication entre vous. Vous vous sentez rejetée, seule, en réflexion sur votre avenir. L'issue semble être, à terme, la séparation. L'éloignement (la Tempérance = mise en distance) paraît être la solution intelligente (Impératrice + Hermite). »

LA RÉACTION : Anna a eu une aventure avec Joël qui vit deux rues plus loin. Le fait a été rapporté au mari bafoué qui, depuis, passe son temps à guetter Joël derrière sa fenêtre. Ce dernier est obligé de circuler devant leur domicile conjugal pour rentrer ou sortir de chez lui. Le mari jaloux a donc fort à faire et en oublie Anna. Il a focalisé sur les allées et venues du séducteur, passe son temps à la fenêtre pour épier Joël et ignore son épouse qui a pourtant tout tenté pour se rapprocher de lui. Aujourd'hui elle songe effectivement à le quitter mais elle n'est pas encore prête à se séparer. En venant me consulter, elle venait chercher la confirmation de sa pensée : le mari s'est barricadé, cloîtré à jamais. Tout du moins, en ce qui concerne leur propre histoire.

# UN REMAKE

*Cindy est amoureuse de Camillo. Elle vient me voir, m'interrogeant de la sorte : « Qu'en pensez-vous ? ». Les cartes sorties sont les suivantes :*

(1) (2)

D'un premier coup d'œil je les vois tous les deux encore très attachés à leurs parents, et en difficulté pour sortir du cocon ou carcan familial…

L'ANALYSE : je trouve ces deux jeunes gens en relation très forte avec leurs parents ; et chacun de leur côté, ils sont encore tous deux tenus en laisse (le Diable entre le couple parental du Pape et de la Papesse attache les deux petits diablotins – Cindy ou Camillo – en les maintenant bien encadrés) ! L'Amoureux leur faisant suite indique que la situation est identique pour chacun d'eux ; même chose, réciprocité. Avec la Force (2), ils cherchent à s'en sortir, à s'individualiser, à s'autogérer. Comme des grands, ils veulent leur autonomie (Force = élévation, maturation, grandissement, indépendance). Cette même carte évoque les travaux du bâtiment et je pense que Camillo est issu d'une lignée d'entrepreneurs, ses propres parents ayant fondé une entreprise familiale. Le jeu est très symétrique : la partie (1) en témoigne, puis la lame de l'Amoureux renvoie une seconde fois à la même équation. Ces deux « enfants » semblent être dans la même situation. C'est « à coups de gueule » qu'ils obtiendront leur liberté (la Force) !

LA RÉPONSE : « Cindy, vous paraissez, tout comme votre ami d'ailleurs, encore trop attachée à votre univers familial pour construire maintenant une relation stable et autonome avec Camillo. Il y a un grand parallélisme, comme une duplication, dans vos histoires ou vécus respectifs. L'un comme l'autre, vous devrez vous battre pour vous sortir de cette emprise. Tout le monde est enchaîné à tout le monde… et à sa corporation. »

LA RÉACTION : Cindy semble amusée ! Leurs parents respectifs sont en entreprise familiale dans le bâtiment. Elle est très attachée à son père et à sa mère tandis que Camillo hait les siens, bien qu'il soit toujours en dépendance absolue de sa famille, à un point tel qu'il entre en crise lorsqu'elle le traite de « môme » pour le faire réagir ! Elle me précise que lorsqu'elle a rencontré son amoureux, elle a tout de suite pensé à sa propre relation avec ses parents, cet enchaînement presque maladif qui existe aussi entre eux deux. Le fait qu'ils fassent le même métier l'a amusée. Elle ne désespère pas que Camillo « grandisse » pour l'épouser !

# QUEL EST MON MÉTIER?

*On ne peut empêcher les questions-pièges, les devinettes. Georges vient me voir et, provocant, me lance: « Voyez-vous au moins mon métier? ». Les cartes sorties sont les suivantes:*

(1) (2)

D'un premier coup d'œil je ressens quelqu'un qui « redresse » une situation. Je remarque que chaque carte contient deux petits personnages. A la fin du jeu (2), les petits personnages sont dominés par de grands personnages... (le Diable, le Pape ‡ notons que ces deux-là sont, à l'origine, ennemis!)

L'ANALYSE: le rôle de « redresseur » que doit avoir Georges concerne sans doute les enfants, au moins les adolescents. On voit, avec la carte du Soleil, des enfants dans la tranquillité ou dans l'insouciance, qui se laissent déstabiliser (1), font les pitres, les clowns, ou encore font un casse, pénètrent dans une habitation par effraction (telle la lame de la Maison-Dieu). Le Diable vient les inciter à la corruption (c'est un personnage plus grand qui les assujettit au vice, aux mauvais coups) ou bien c'est Georges qui les capture (2), qui les récupère « au lasso » pour les remettre dans le droit chemin (le Pape). Les deux enfants soumis au Pape, au sage (ils figurent sur la carte du Pape), sont ceux de la carte du Soleil qui ont vécu l'événement de la Maison-Dieu, redevenus dociles après avoir été enchaînés par le Diable. Il y a une belle notion d'assagissement, de rééducation, de correction, lorsque les êtres dominés par le Diable peuvent enfin suivre les conseils du Pape.

LA RÉPONSE : « Je dirais que vous êtes éducateur ! »

LA RÉACTION : Georges est en effet éducateur ! Il travaille beaucoup dans la rue, avec des adolescents. C'est sa vocation.

# LES DANGERS DE LA VOYANCE

Personne ne va voir son voyant tous les jours (fort heureusement!), mais lorsque l'on tire soi-même le tarot, il est difficile de résister à la curiosité. Ça commence par: « Que va-t-il se passer aujourd'hui ? » et au moindre questionnement, le devin finit par sortir son jeu et présumer la réponse.

## L'état de dépendance

Le tarologue - en herbe ou confirmé - qui débute sa journée dans la plus grande neutralité et qui pose une série de questions pour cerner les événements du jour, se créera un état d'anxiété face à un tirage déplaisant. Il trouve « le fait » non attendu qu'il n'avait pas conjecturé... et anticipe le désagrément que cet incident va pouvoir lui causer. Autour de sa réflexion, une appréhension va naître. Il tentera donc de chercher la solution, avec ses cartes, par un nouveau questionnement. Obstiné, il ne lâchera pas son tarot tant qu'il n'aura pas apaisé son angoisse...
Tout bien considéré, était-ce nécessaire de gâcher une journée qui aurait pu moyennement se dérouler ?

Par rapport à la voyance, UNE POSITION DE DÉPENDANCE transforme l'avenir en un pays miné !

Perdre toute spontanéité face aux événements, c'est ce qui guette le tarologue acharné. Avoir conjecturé à l'avance ce qui va se tramer, ce que Untel va faire ou ce que X va dire, ou enfin, connaître la fin d'une histoire avant même quelle n'ait commencé, enraye la joie, contrarie la vie !

## Et l'actualité ?

L'avenir vous intéresse ! C'est normal puisque c'est là où vous allez passer le restant de vos jours… mais en faire une obsession n'est pas chose recommandée au risque sinon de ne plus savoir, du moins de ne plus pouvoir vivre le présent : « L'obsession de l'ailleurs, c'est l'impossibilité de l'instant » disait Cioran.

A trop miser sur « demain », aujourd'hui ne vaut plus rien ! Mais c'est pourtant bien l'instant présent que nous vivons et pendant que nous nous interrogeons sur le lendemain, nous perdons la saveur de ce qui est déjà entre nos mains. Par exemple, en cherchant à savoir si Geoffrey viendra vous voir régulièrement, vous laissez échapper les mots doux et la promesse de sa tendresse qu'il avoue chaque fois qu'il téléphone. Vibrer avec le virtuel empêche de vivre la réalité.

## Tout savoir

Nous ne pouvons pas tout voir, et c'est tant mieux ! Nous faisons nous-même notre propre sélection des informations qui nous sont délivrées et notre sensibilité nous touche là où, sans doute, nous savons qu'il va se produire quelque chose d'important.

Même mineur, l'événement deviendra majeur en fonction de ses conséquences. C'est ce fait mineur que nous verrons. Un exemple : je verrai le caillou qui va faire chuter le cycliste qui vendra son V.T.T pour se mettre à la peinture où il fera carrière… alors que j'évincerai le fait que l'acheteur dudit vélo paiera avec un chèque en bois même si cela entraîne querelle ou procès. Le défaut de paiement ne changera pas le cours de l'existence du cycliste, mais sa chute lui a fait professionnellement négocier un virage à angle droit !

Certains faits vont être « vus », mais inconsciemment éludés parce que dérangeants ! En général ceux-là n'entendent que ce qu'ils veulent bien entendre et voir ce qu'ils veulent bien voir. Un exemple : tout le village sait que Madame X trompe son mari avec Monsieur Y tandis que Monsieur X demeure assuré de la fidélité de son épouse.

Connaître l'avenir est-ce une bonne chose ? En se penchant sur les bienfaits et les méfaits de la voyance, on risque d'engager un vaste débat. Le fait de connaître l'événement à l'avance ne laisse personne indifférent. Mais le but est-il de s'y préparer, de s'en torturer ou de philosopher ? LA VOYANCE EST DONC UN SAVOIR À BIEN MANIPULER !

Fort heureusement, des présages nous échappent. Si le destin ou la providence nous jette un voile sur les yeux à certains moments et nous les ouvre à d'autres, ne serait-ce pas pour nous permettre certains choix ou certaines prises de conscience ?

### Gouverner spontanément

Ne plus savoir gérer son quotidien sans interroger l'oracle... voilà l'écueil ! Vivre ou ne pas vivre sans son tarot n'est plus une question. Il faut savoir laisser de côté ses cartes pour boire son café, répondre à son boss qu'il a tort quand il n'a pas raison, manger à la cantine avec Marithé, se faire un ciné avec votre bien-aimé, bref, il faut savoir vivre ! Vous vous appartenez. Retrouvez votre liberté !

Interpréter un tirage sur l'amour, oui, mais c'est vraiment dans ses yeux que vous verrez si vous êtes aimé(e) !...

### Échec ou Mat

Voyons la délicatesse d'annoncer un échec : la personne concernée risque de baisser les bras, se démotiver, se laisser influencer par la réponse et en effet... échouer ! Il vaut mieux éviter ce genre de question-piège, d'autant plus que tout le monde peut se tromper !

# LES ÉCUEILS DE L'INTERPRÉTATION

## Trop c'est trop

Se cramponner à son problème, fixer sa pensée sur le même sujet, attendre de l'augure des certitudes qu'il ne pourra jamais donner, engendre l'idée obsessionnelle, c'est-à-dire chercher à savoir vingt mille fois si tel événement ou non se produira. En interrogeant ses cartes autant de fois, la lecture deviendra de plus en plus difficile et nous aurons des réponses contraires ; le devin risque de perdre de vue l'essentiel et de confondre romance et voyance.

A force de désirer trop fort connaître l'absolue réponse, nous finirons par confondre présent et avenir et interpréter les signes d'actualité comme étant un gage de destinée. Imaginons une personne qui questionne inlassablement pour savoir si l'aimé reviendra à ses côtés : ayant déjà eu maintes fois sa réponse, ce consultant se verra traduire à un moment donné la pensée actuelle de celui ou de celle qu'elle aime, même si elle est temporairement négative !

## La télépathie

Capter le désir de l'autre, c'est le piège le plus fréquent ; le résultat de la divination n'est parfois qu'une simple transmission de pensée, car certains voyants captent tout ce que le consultant souhaite vivre pour son avenir ! Évidemment, c'est fascinant sur le moment, mais la voyance est falsifiée, le futur mensonger et la prévision erronée !

## Un voyant n'est pas un demi-dieu

Un voyant n'a pas toutes les réponses, il n'est pas un gourou, ne peut prendre en charge la vie de ceux qui le consultent ; il ne peut agir à leur place, ni leur trouver un job s'ils sont en galère professionnelle, encore moins un bien-aimé s'ils sont en manque affectif.

Un voyant peut se tromper. Les marges d'erreur de la voyance sont certaines et irrégulières. La magie de voir précisément et clairement ne se reproduit pas à chaque fois…

Un voyant n'est pas spécialement un élu de Dieu. La voyance ne lui est pas spécialement facile ; la voyance demande un grand effort. Le devin doit davantage se motiver si le consultant est méfiant, de mauvaise foi ou simplement bougon.

### Une contribution bénéfique

Lorsque les cartes parlent du présent alors que nous interrogeons le futur, cela signifie que le consultant a encore à apprendre sur sa situation présente pour dénouer la suivante, celle à venir.

### Restons objectif !

Attention ! Prédire l'avenir pour soi-même ou ses proches est un exercice difficile. A ce sujet, un voyant n'est jamais impartial ! Le tarologue manquera certainement d'objectivité et aura bien du mal à cerner la part du faux et la part du vrai, la prédiction vraiment annoncée et la prédiction souhaitée. Il peut se laisser facilement influencer.

Une prédiction dépend aussi de l'état d'esprit du voyant : un esprit angoissé verra un drame là où il n'y aura qu'un bobo léger. Soyons clair : l'état d'anxiété du voyant qui se tire lui-même peut être transposé à tort et à travers.

### Une question de temps

Un événement « vu » risque de ne pas arriver dans le temps prévu ou souhaité. Cerner le temps représente LA plus grande difficulté à assumer. Les dates, en divination, sont ardues à obtenir et si vous avez pu décrocher un jour une date précise, n'espérez pas que cela, systématiquement, se reproduise.

### Une voyance peut en cacher une autre

Une prédiction peut annoncer un fait avec tel fond et telle forme. Or un autre fait, avec un fond et une forme similaires peut venir se fondre au premier et en prendre la place. En voici un bel exemple :

Je pense à Lydie, à qui j'avais annoncé le retour de Luc, son aimé. Quelques mois après, dans ma boîte électronique, je trouve ce message de Lydie :

« Bonjour Régine, je ne sais pas si vous vous souvenez de moi. Je suis venue vous voir à Paris fin octobre. Mon souci était d'ordre sentimental, mon ami m'avait quittée depuis 18 mois et, au fil de nos rencontres, vous aviez vu qu'il reviendrait après une rupture. Et cela est toujours revenu dans vos consultations pendant tout ce temps. Or, à part une carte de vœux en Janvier, rien !

Ce qui est troublant, c'est que j'ai également consulté une autre voyante qui est une amie, et le scénario annoncé est le même. Donc, deux personnes, dont vous - avec des compétences plus reconnues - m'ont toujours annoncé que la personne avec qui j'étais, c'est-à-dire un homme brun, la quarantaine, avec enfant, bonne situation financière, propriétaire d'une maison dans le sud, exerçant un métier de contact en industrie, allait revenir vers moi après une période de rupture et que son couple fonctionnait hyper mal.

MAIS RIEN !

Ce qui est encore plus troublant, c'est qu'en décembre, j'ai rencontré quelqu'un, exactement du même profil que celui qui était annoncé, parfaitement identique, qui venait de rompre avec sa copine. Cet homme, en fait, je l'avais rencontré une première fois il y a 6 ans grâce à une amie.

Nous nous sommes vus deux fois en décembre et plus de nouvelles, jusqu'en mars, où il me rappelle car il venait de quitter à nouveau son amie, le couple ayant fonctionné hyper mal ces trois dernières années. Alors, je me demande, est-ce qu'il est possible que vous vous soyez trompée de personne, si elles se ressemblent à ce point ?

Ou est-ce que je suis un mauvais sujet qui fait « traduire » ses désirs ?

Ce second homme, Gilles, m'a quittée avec la même brusquerie que le précédent ! Alors, par rapport à vos prédictions, sans vous vexer, je ne pense pas que je reverrais Luc un jour (Le n° 1), mais Gilles, qui vient de rompre pour la 2e fois, et cette fois-ci, cela ressemble à une vraie rupture.

Comment je dois caler vos prédictions par rapport à ce que je vis depuis 2 ans ? Est-il possible que les événements prédits soient mal positionnés dans le temps ? Que l'erreur soit possible quand deux personnes se ressemblent tant que cela ? Je serais très intéressée par votre réponse car cela me perturbe beaucoup… Merci beaucoup. Lydie »

Voici mon écho :

« Bonjour Lydie, bien sûr que je me souviens de vous ! Je vais tenter de répondre à vos questions. Déjà vous dire que je suis nullement vexée de vos remarques. J'ai toujours pensé que la voyance n'était pas une Vérité absolue et que des erreurs je ne suis pas la dernière à en faire… même si j'obtiens d'excellents résultats. Je pense qu'en effet, vous avez beaucoup cristallisé sur votre ami au point peut-être de fausser la voyance : vous vouliez tellement qu'il revienne que la divination l'annonçait (de grâce, n'allez pas dire non plus que c'est votre faute !), et au-delà de ça, vous avez « fait venir » à vous - en quelque sorte - son jumeau !!!

Je pense que le raisonnement est juste, tout du moins il n'en n'est pas très loin ! Votre cas fait partie des risques d'erreur, mais croyez bien que j'ai aussi bien pu me tromper tout simplement. Ce qui est troublant c'est qu'une autre voyante a établi le même pronostic que moi. Il est vrai qu'à ce sujet, j'essaie toujours de comprendre ! Et il n'est pas exclu - mille pardons de vous embrouiller encore - que votre premier ami réapparaisse un jour tandis que le second se sera éclipsé. Je vous confonds encore, mais je sais que les voyances peuvent se superposer et que c'est, semble-t-il, votre cas.

A bientôt Lydie. Régine. »

Et voici la réponse de Lydie :

« Hello Régine, merci de me répondre si vite ! C'est assez troublant la théorie de « faire venir à soi son jumeau », mais tellement vrai dans ce cas précis : vous ne pouvez pas imaginer à quel point ils se ressemblent dans leur existence ! Merci de vos lumières. Sincères amitiés. Lydie. »

# LA VOYANCE, QUE FAUT-IL EN ATTENDRE ?

On s'en remet à la voyance pour résoudre un problème, dénouer une énigme ou apaiser une angoisse. Mais en allant chercher ce qui pourrait nous rasséréner, on risque de coudoyer d'autres anxiétés. La voyance, alors, que peut-elle nous apporter ?

## Une belle nécessité

Dans une période difficile, cerner le temps meilleur qui arrive très prochainement fait partie des bienfaits de la voyance. Lorsque un homme ou une femme a épuisé toutes ses ressources vitales, lorsque son entourage familial ou amical ne suffit plus pour surmonter un passage à vide, un moment d'angoisse, d'impuissance ou de vulnérabilité, la recherche du futur est un recours salutaire.

Ceux qui décident de recourir à la voyance traversent généralement une période compliquée ou précaire et éprouvent le besoin de faire le point, de réfléchir. Ils recherchent bien sûr un aperçu de leur avenir mais aussi et surtout l'opportunité d'en sortir. La seule démarche d'accepter d'entendre des réponses jusqu'à présent évitées est un gage de bonne volonté, de sagesse et de maturité ; le consultant assumant donc de mieux se positionner dans sa vie.

Source d'éblouissements, d'espoirs et de joies, mais aussi d'anxiétés et de morosité, la divination est à manier avec beaucoup de précautions. En finalité, je dirai que nous n'obtenons jamais aucune certitude. C'est le tangible, le vécu qui confirme ou infirme l'évidence de la prédiction. Il ne faut pas se leurrer : nous n'extorquons au tarot aucun renseignement concret, vérifiable. Nous décrochons LA Réponse seulement lorsque l'événement s'est réalisé.

Toutefois,
malgré ces sérieuses
mises en garde, n'ôtons pas à la divination
sa magie et sa part de rêve !

Savoir lire le tarot
est un éblouissement perpétuel…

# CHEZ LE MÊME EDITEUR

## LA SANTÉ LIBRE
**Médecine naturelle : un médecin témoigne**

**Docteur Emile Plisnier**

Plus de quarante années d'expérience dans la médecine naturelle autorisent le docteur Emile Plisnier à faire le point sur les pratiques alternatives dans l'art de guérir.

L'auteur, rompu à l'usage de l'homéopathie, est vice-président de l'Unio Homoeopathica Belgica, organisme national de défense professionnelle. Il s'appuie sur les avancées récentes des connaissances classiques, y compris les sciences médicales. Il nous en montre les limites.

En cette période d'industrialisation massive et de médications violentes et en s'appuyant sur les avancées récentes des sciences médicales, il explique le succès des médecines douces réclamées par le public : l'homéopathie, l'acupuncture, l'ostéopathie, etc.

Le domaine de l'immunité est longuerment analysé et un chapitre très concret sur la diététique naturelle nous informe avec précision de ses effets sur les affections tant aigües que chronique. Avec tout ce qu'il faut savoir sur les cures de jeûne et les compléments alimentaires de la médecine orthomoléculaire.

Un ouvrage très documenté, tonique et optimiste où les interrogations ne manquent pas. Il intéressera l'homme qui veut comprendre, le malade qui cherche, les médecins, classiques ou non, qui se posent des questions et veulent s'éclairer sur les médecines parallèles.

Enfin, un chapitre sur les relations entre les maladies et les émotions pose des questions brûlantes sur l'avènement d'une véritable médecine psychosomatique naturelle.

Un livre fort, uniquement basé sur des faits et qui suscite la réflexion.

ISBN 2-84639-000-2 Format 15 x 21, broché, 432 pages.

## SAVEURS AU NATUREL

### Catherine Pageard

Comment respecter la saveur naturelle de l'aliment cru ou cuisiné ? Comment utiliser aromates, épices et condiments sans changer les goûts ou les masquer ? Comment privilégier les aliments de qualité en dépit de la pression par l'industrie agro-alimentaire ?

*Saveurs au naturel* répond à ces questions en proposant une centaine de recettes choisies pour leurs qualités aromatiques et classées en fonction de ce «plus» (herbe, aromate ou épice) qui hausse la cuisine, même la plus simple, au rang de subtile alchimie.

Catherine Pageard nous propose un itinéraire qui va du cru au cuit, du petit jardin paysan à la garrigue écrasée de soleil, de la Provence aux diverses patries des épices. Ses textes et les citations qu'elle a choisies font de *Saveurs au naturel* , bien plus qu'un simple livre de recettes, un livre à lire. Dans la cuisine ou ailleurs. . .

ISBN 2-84639-002-9 Format 15 x 21, broché.

## FENG-SHUI PRATIQUE
### 150 questions-réponses pour toutes les situations

### Régine de Saint-Arnauld

Toutes les questions qui se posent quotidiennement à nous sur la maison, les relations, la carrière, l'argent, le bureau, la santé et les bonnes réponses pour vivre en harmonie.

Le premier livre vraiment concret – et complet – sur une tradition dont les origines remontent à plusieurs millénaires... et qui rejoint les découvertes les plus récentes de la géobiologie !

ISBN 2-84639-003-7 Format 15 x 21, broché.

Achevé d'imprimer en 2001
sur les presses de l'imprimerie Slatkine
à Genève – Suisse.